中国の公共性と国家権力

その歴史と現在

小嶋華津子・島田美和 編著

慶應義塾大学出版会

目　次

序論　中国の「公共空間」　　　　　　　　　小嶋華津子・島田美和　1
　Ⅰ　台頭する中国と国の強さ　1
　Ⅱ　国家、「公共性」、「社会的連帯」　2
　Ⅲ　中国研究と「公共空間」　4
　Ⅳ　本書の目的と視角　6
　Ⅴ　本書の構成　7

第Ⅰ部　包摂と排除──都市、コミュニティ、福祉

第1章　国家権力と流動人口
　　　　──清末民初の乞食管理問題にみる国家権力、管理、「公共空間（圏）」
　　　　　　　　　　　　　　　　　　　　　　　　　　衛藤安奈　15
　はじめに　15
　Ⅰ　清末の伝統的乞食管理の試み　17
　　1　清末の流動人口と悪丐　17
　　2　清末の乞食管理の基本形──善会・善堂と保甲制度　19
　Ⅱ　清末民初の近代的乞食管理　23
　　1　清末エリートの意識の変化──秩序維持から富国強兵へ　23
　　2　中央政府の政策動向──「設立地方貧民習芸所案」発布まで　25
　　3　上海の場合──上海市政庁の貧民習芸所の完成まで　26
　おわりに　28

i

第2章　慈善団体と国家
　　　　──嬰児保護をめぐる「公共性」について　　　鄭　浩瀾　35
　はじめに　35
　Ⅰ　公共問題としての嬰児遺棄・嬰児殺し　37
　Ⅱ　育嬰堂に対する国家管理の強化　41
　Ⅲ　嬰児保護と「公」　46
　おわりに　51

第3章　都市とコモンズ──都市公園の管理と利用　　　島田美和　59
　はじめに　59
　Ⅰ　北京政府期における都市公園の成立　61
　Ⅱ　公園の管轄権をめぐる中央、地方、地域社会　64
　　1　華南圭の水利計画と公園　64
　　2　中南海公園の設置と経営　69
　Ⅲ　公園の管理と利用　73
　　1　南京国民政府期の都市公園管理と利用　73
　　2　日本統治時期の中南海公園の管理と利用　76
　おわりに　78

第4章　社会国家への模索
　　　　──「労働保険条例」の施行と挫折　　　小嶋華津子　85
　はじめに　85
　Ⅰ　「中華人民共和国労働保険条例」の制定　87
　　1　「中華人民共和国労働保険条例」の制定　87
　　2　労働保険と国家構想　90
　Ⅱ　「中華人民共和国労働保険条例」の破綻　92
　　1　路線闘争の激化　93
　　2　地方・基層における慢性的な人的リソースの欠如と混乱　96
　おわりに──中国の「社会国家」建設と社会の連帯　99

第Ⅱ部　地域の共同性と公論形成

第5章　郷里空間の統治と暴力
　　　　――危機下の農村における共同性の再編と地域自治政権
　　　　　　　　　　　　　　　　　　　　　　　　山本　真　105

　はじめに　105
　Ⅰ　民国時期、河南南西部における治安の悪化と地域自治政権の創設　107
　　1　治安の悪化と地域社会の揺らぎ　107
　　2　伝統的紳士の権威の失墜と新興エリートの台頭　110
　　3　県を範囲とする政治共同体＝自治政権の成立　111
　Ⅱ　自治の内容　113
　　1　自衛のための武装＝民団　113
　　2　保甲制度を通じた民衆の管理・統制　113
　　3　土地調査と課税の公平化　115
　　4　経済の振興と民生の改善　115
　　5　教育を通じた人材の育成と愛郷心の涵養　117
　　6　地域自治政権と正統性　118
　Ⅲ　地域主義（分権）と党国体制（集権）との矛盾　120
　おわりに　123

第6章　都市コミュニティの建設
　　　　――「社区」とコミュニティ　　　　朱安新・小嶋華津子　131

　はじめに　131
　Ⅰ　「単位」制度と月壇地区　132
　　1　月壇地区の開発と「単位」　132
　　2　「単位」制度下の月壇街道地区の営み　134
　Ⅱ　「社区」建設プロジェクトと月壇街道地区　136
　　1　「社区」建設の試み　136
　　2　月壇地区における「社区」建設プロジェクト　138
　おわりに　145

第7章 「協商民主」と地域社会
　　　　——協商民主に探る新たな公共性創出の可能性　中岡まり　149
　はじめに　149
　Ⅰ　中国における地域的共同性と「協商民主」
　　　——「官」と公共性の関係　153
　　1　党による地域的共同性の再構築——「単位」社会から「社区」へ　153
　　2　「協商民主」推進の理由と内容　155
　　3　中国における「協商民主」の特徴　156
　Ⅱ　基層における「協商民主」の実態　157
　　1　より良く機能する地域的共同性のために
　　　　——熟議民主主義の成立とソーシャル・キャピタル　157
　　2　「協商民主」の実施と地域的共同性、ソーシャル・キャピタルの
　　　　構築の実例　158
　おわりに　165

あとがき　171
索　引　175

序論

中国の「公共空間」

小嶋華津子
島田美和

I　台頭する中国と国の強さ

　中国の経済的・軍事的台頭が目覚ましい。とりわけ領土や歴史の問題を抱える隣国日本において、中国の台頭は、その強硬な対外姿勢や排外主義ともいえるナショナリスト的言説、中国共産党による強権的支配体制と重なり合い、「強い」中国に対する「脅威」を増幅させている。

　他方で我々は、それとは対極的な中国の現状をも目の当たりにする。拝金主義、モラルの低下、共産党幹部による権力の私物化、クローニーキャピタリズム、市井に蔓延する政治不信、幹部（富裕層）から中産階層に広がる移住熱とそれにともなうリソースの海外流失……。経済の市場化とグローバル化は、「私」的利益を最大化するためには国家の利益を犠牲にし、国を捨てることさえ躊躇わない人びとの生き様を浮き彫りにした。かつて孫文は、「外国の傍観者は、中国人はひとにぎりのバラバラの砂だという。その原因はどこにあるか。それは、一般民衆に家族主義と宗族主義があるだけで、国族主義がないためだ」と述べた（孫、1957上：13）。それから一世紀近くが経過した今もなお、孫が懸念し、克服しようとした国の「もろさ」は、さまざまなかたちでその片鱗をのぞかせる。

　果たして中国は、強いのか、弱いのか。国としての強さを測るには、さまざまな指標や方法がある。たとえば、近年の研究成果の多くは、共産党政権の柔軟な適応能力と巧みな制度設計に、その強靱性（resilience）の源を見出

してきた（たとえば、Shambaugh, 2008; Dickson, 2000-2001）。改革開放や冷戦の終焉を経てもなお中国共産党が一党支配を維持できたのは、党が、各種制度を通じ、社会に対する統制管理を強める一方で、時代の変化に合わせ、新興勢力を積極的に党内あるいは体制内にとりこんできたからだという解釈である。しかし、国家権力が国民の生活に関わる（ときに犠牲を強いる）何らかの政策を断行する際に必要な国としての強さを想定した場合、共産党の組織力・運営能力に加え、私生活を営む人びとが私利私欲を超え、国民として連帯しようと思う物質的・精神的土壌が問われるだろう。

本書では、国家権力と私的空間の間に広がる「公共空間」に着目し、近現代中国を通じ、それが、両者をつなげる「非人称的連帯」（「見知らぬ者たち」による社会的連帯 impersonal solidarity）の場としていかなる機能を果たしてきたのか、その特徴からどのような国のかたちを描き出せるのかを考察したい。

II　国家、「公共性」、「社会的連帯」

齋藤（2000）によれば、「公共性」とは、同化／排除の機制を不可欠とする共同体とは異なり、誰もがアクセスでき（open）、価値の複数性を要件とし、共通のもの（common）――共通の利益・財産、共通に妥当すべき規範、共通の関心事（公共の福祉、公益、公共の秩序）――について人びとの間に生成する言説の空間を特徴づけるものである[1]。

近代以前の社会においては、「公共（性）」は多元的、多層的なかたちで存在していたが、近代国民国家の成立により、国家により集約・独占されるようになった（藤田編著、2010）。国家は、程度の差こそあれ社会国家を標榜し、人びとの「サバイバル・ユニット」（自らの生の保障となる安全や食・住を提供する態勢――ノルベルト・エリアス）を一元的に提供することを通じて、「社会的連帯の感覚を集合的（国民的）アイデンティティの感覚によって裏打ちする」ことを目指した（齋藤、2000：74）。多様かつ多レベルに存在する「サバイバル・ユニット」間の闘いと淘汰の過程において、国家は、暴力手段の支配という点で、家族・企業・自発的結社を超越した（Elias, 1987: 79）。さ

らに国家は、福祉の提供を通じて受益者の間に「国民」としてのアイデンティティを醸成した（Béland and Lecours, 2008）。国家機能の強化にともない、「公共性」は、開放性と複数性を核とするハンナ・アレントの定義（アレント、1994：87-88）を逸脱し国家の枠内にはめ込まれ、社会的連帯の範囲も、「一つの国民」という表象の共有により国民国家の境界と一致するに至った（齋藤、2000：75）。この過程はまた、依存や従属をともなう「人称的連帯」（personal solidarity）——家族、地域の共同体、民族的・宗教的集団など——から人びとを一定程度解放し、人間相互の直接的応答責任を国家に対する義務へと抽象化する過程でもあった（齋藤、2000：75）。

　このとき、リベラルな体制にあっては、社会国家が国民に何を提供するべきかをめぐり「ニーズ解釈の政治」（ナンシー・フレイザー）が展開されることが期待された（Fraser, 2008）。そこで想定されたのは、「人称的連帯」から自由になった自律的市民・市民社会組織が合理的論拠に基づく討議（コミュニケーション）を通じて合意を形成し（ハーバーマス、1994）、市民による共約こそが国家規模の連帯を支えるとともに、国家権力を抑制するというあり方であった。

　しかし歴史をひもとけば、多くの場合、現実には上記のプロセスが完全に遂行されることはなかった。対外的／対内的危機、政治体制／コミュニケーション手段の欠落、国家および個人のリソースの制約、地理的・物理的な条件や伝統的観念、慣習などが影響し合い、国家は「サバイバル・ユニット」として十分な機能を果たせず、人びとのアイデンティティは揺れ動き、あるいは重層性をなし、国家権力と私的空間の関係や、その間に広がる「公共空間」のあり方は、国によって著しく異なる態様を示すこととなった。ダニエル・ベランドらは、カナダ・イギリス・ベルギーなど「民主的」多民族国家を対象に、国家と民族双方が、アイデンティティと連帯を形成するツールとして社会政策を位置づけ、その支配をめぐり駆け引きを展開してきた経緯を明らかにした（Béland and Lecours, 2008）。しかし、社会政策のありようと連帯のかたちの相互作用は、「民主的」国家のみならず普遍的に観察されるものであるし、社会政策の分配をめぐる協調と対抗の軸は、国家－民族のみならず、国家－地方－コミュニティ、都市－農村、幹部－大衆などさまざまに

描かれうる。人びとのアイデンティティは、これらの軸を中心に、国家、地方、民族、市場、アソシエーション、共同社会、家族、個人などが、連帯とその源泉としての社会政策をめぐって繰り広げる協調と対抗の動態により変化する。それは、「一つの国民」としての表象の共有を促すかもしれないし、逆に地方や民族、共同社会、私的空間の求心力を強め、国家に対する遠心力を助長するかもしれない。

　近年は、こうした現実を踏まえ、これまでリベラルな価値規範とともに用いられることの多かった「公共性」を規範から切り離し、「人びとの間にある事柄、人びとの間に生起する出来事への関心」(齋藤、2000：5-6)をともにする国家、市場、地方、民族、市場、アソシエーション、共同社会、家族、個人などのつながりと、社会に暮らす人びとのアイデンティティ／連帯意識の相互作用として描き出す試みがなされつつある。

III　中国研究と「公共空間」

　近代国民国家の建設を目指す中華民国、中華人民共和国政府もまた、社会国家の建設と国家規模の連帯の創出を目指した。しかし果たしてこうした取り組みはどこまで成功してきたのだろう。国家的・社会的・私的アクターのつながりのありようや人びとのアイデンティティに何らかの特徴が見出せるとするならば、それはどのような歴史的文脈のなかで説明できるのか。

　この問いを考えるにあたり、先行研究との対話から得られる着想は多い。

　「公」と「私」の関係については、一方に、「私」的関係を超えたアイデンティティの欠如をもって、中国という国家の「もろさ」を論ずる研究がある。いわば、先述の孫文と認識をともにする立場からの研究である。たとえば陳其南は、伝統中国の「仁学」思想に鑑み、中国人の関心の範囲が、私的方面は最高でも「家族」レベル、公的関係については最低でも王朝の政令の及ぶ限りのレベルにとどまっており、「家」と「国」の間には空白の領域が残されているとした。そして、人びとが、私民としての利益と人間関係を克服できず、「公民」としての意識に欠けている点に、中国の国家としての脆弱性を見てとった（陳、1994：32-34）。またティモシー・チークも、中国とメキ

シコの比較研究に基づき、中国（およびメキシコ）の政治文化にみられる特徴——強い家族的価値に基づく市民の消極的概念、薄弱な公共の秩序——に鑑みれば、中国のプロパガンダ国家としての制度的筋力の衰えは、活発な市民社会ではなく空っぽな公共空間を生み出すであろう、と論じた（Cheek and Lindau, 1998：6-9, 30）。他方、中国の特質を、「公」と「私」の乖離ではなく、「私」の延長としての「公」に求める見方もある。溝口雄三によれば、中国社会には伝統的に、「公」に対し多数者の利益、均等な分配、生存権の保障を求める志向が内在していた（溝口、1995）。そのうえで溝口は、「公」と「私」を領域的に区分されたものと捉える日本とは異なり、中国の「公」は、「私」を含み、その関係の集積からなる「つながりの公」であると説く（溝口、1995）。「公」と私的空間あるいは同質的・閉鎖的共同社会の相互浸透から生ずる統治のあり方を論じた研究としては、毛沢東時代のパトロン・クライエント関係に基づく労働者統治を「ネオ・トラディショナリズム」として分析したアンドリュー・ウォルダーの研究（Walder, 1986）、リネージや宗教組織のありようが地域の公共財の提供において果たすポジティヴな役割を論じたリリー・ツァイの研究（Tsai, 2007）などをあげることができよう。

「公共空間」の拡大と国家権力の関係については、リベラル・デモクラシーの枠組みに基づくウィリアム・ロウとフレデリック・ウェイクマンの間の論争が知られる。すなわち、ロウが、19世紀末の漢口にみられた商人の自発的結社を国家から自律的な市民社会の萌芽と論じたのに対し（Rowe, 1984）、ウェイクマンは、これらの結社が官僚の主導の下に形成され、運営されていたと断じたのであった（Wakeman, 1993）。他方、国家-社会の単純な二項対立論に対する異論も多い。フィリップ・ホアン（黄宗智）は、清朝以降今日に至るまで、中国——とりわけ県・郷鎮・村レベルにおいては、近代国家建設と社会的統合の相互作用により、国家と社会の間に、国家権力と社会的力が重なり合い協力する「第三領域」が存在してきたと論じた。国家に対する社会の自律化という単純な公式ではなく、両者が融合した「第三領域」の動態的変化こそが、中国の政治的変化を規定するというのである（Huang, 1993）。また、吉澤誠一郎は、清末天津の地方政治のなかに、「公」と自称する発言主体・政治主体が増え、競合する状況が生まれたことを都市

の公共性の展開と捉える（吉澤、2002）。

　しかしながら、果たして「公」と「私」の融合、地方レベルにみられる国家と社会の融合は、国家規模の「連帯」にいかなる影響をもたらすのだろうか。小浜正子は、近代上海の「公」領域において公共的機能を担った民間社団が公共性の形成に大きな役割を果たしたことを指摘した。しかし社団は、一党独裁の党――国家、すなわち南京政府の下では国民統合のシステムとして制度化され、共産党の下では社会の流動性への対応ゆえに解体された（小浜、2000：326、327）。高橋伸夫は、地方政府と中間団体の活動を担う地元有力者との間に築かれた癒着構造――「官」とも「民」ともつかない結合体――に、相反する機能を見てとる。すなわち一方で、この結合体は、中央の政策を多様な地方の現実に適合させ、社会から一定の合意を調達する機能を果たす。しかし他方で、この結合体は、他を出し抜いて国家の一部と垂直的連携を結ぶことにより、国家と社会をともに切り刻み、弱体化させるリスクを孕んでいる（高橋、2005）。これら両極的機能のバランスとその動態を把握するためには、国家権力と私的空間の間に広がる「公共空間」――国家的・社会的・私的アクターのつながりのありようと、人びとのアイデンティティの相互作用――の統合と分断、重層性に関し事例研究を積み重ねることが必要である。

Ⅳ　本書の目的と視角

　本書は、上記の問題関心をともにする研究者が、約2年にわたり研究と議論を積み重ねた成果である。それぞれ対象とする時期やトピックは異なるが、人びとの生存・生活に関わるつながりの動態を記述することにより、人びとの「連帯」や中国の「公共空間」のありようを捉え、そこから国家統合のかたちを解明しようという一貫した目的に貫かれている。

　その視点は、図らずも溝口雄三が20年前に提起した下記の視点と重なり合う。

　　ある国家体制のもとに民衆が生活しそこに社会が形成されるという、社

会を国家の枠組のなかに包摂した静態的な〈国家と社会〉ではなく、社会が一方でその安寧のために国家権力と関係をとり結びながら、他方で経済や宗教や文化の面で他の社会との間に相互に内発的な交流をもち、それを通して国家の存在様態に変化を与えていくといった動態的な〈社会と国家〉の関係を、テーマに含みこまざるをえなくされる。換言すれば、まず人があり、その結果、社会や民族が形成され、そして国家が形づくられるという時間継起的な歴史の流れを、そのまま原理上の断層と捉えかえし、人・社会・民族というそれぞれの座標軸に立って国家を考えてみる必要があろう（溝口、1994：5）。

本書では、グローバル化時代にあってなお重要性を増しつつある国家というもののありようを、生活者としての人びとのつながりと国家権力との相互作用として描き出す。近代国民国家の建設を目指す国民党、共産党は、国家建設の過程でどのように人びとの生の保障、生活の向上に関わる諸テーマに取り組もうとしたのか。人びとの生存と生活に関わるつながり——重層的公権力、市場、共同体、私的アクター間のコミュニケーションや関係、社会に生きる人びとの「連帯」のあり方、アイデンティティは、国家建設の過程でいかなる変化を遂げたのか／遂げなかったのか、それが中国という国家の「強さ」にどのような影響を及ぼしているのか。各章の執筆者は、今日の中国の「強さ」を探る手がかりを、近現代中国の特定のテーマのなかに見出し、提示する。

V　本書の構成

　本書は、2部7章から成る。
　第Ⅰ部「包摂と排除——都市、コミュニティ、福祉」の各章では、近代国民国家の建設にともなう社会政策・社会管理の強化が、「公共空間」——人びとの生存と生活に関わる諸アクターのつながりと人びとの「連帯」意識の相互作用からなる空間——にいかなる変化をもたらしたのか、既存の社会秩序が国家統合のあり方にどのような影響をもたらしたのかが考察される。社

会政策は必然的に包摂と排除のメカニズムをともない、間主観的で制度的な境界の内部に新たな「公共空間」が形成される。清末から現代にかけ、中国の「公共空間」に生じた変化とその性質がここでのテーマとなる。

　第1章「国家権力と流動人口――清末民初の乞食管理問題にみる国家権力、管理、『公共空間（圏）』」（衛藤安奈）では、植民地分割競争の対象とされた清末民初の中国において、対外的危機意識の高まりと正比例して現れた乞食管理の強化が、「他者性」の包摂と排除という観点から分析される。筆者によれば、乞食を勤勉な「国民」に改造するべく採られた政府の政策は、一方で乞食を救済し社会全体に包摂する役割を担保しつつ、同時に、国家権力による均質化の志向や、地元の治安を優先させる地域の有力者の伝統的思考に根差しており、「他者性」への寛容をともなうものではなかった。

　第2章「慈善団体と国家――嬰児保護をめぐる『公共性』について」（鄭浩瀾）では、民国期上海を対象に、嬰児遺棄・嬰児殺しという民間社会の家庭内の私的行為が徐々に国家規模の公共問題として認識されるようになり、嬰児保護を担ってきた育嬰堂が近代的公共福祉施設として改造される過程が分析される。この過程で浮き彫りになったのは、慈善事業の成否が有力者と国家権力の「私」的関係に依存し、「公私混同」の色彩を帯びていたことであった。筆者はそこに、今日に至る中国の「公共空間」の一つの特徴を見出す。

　第3章「都市とコモンズ――都市公園の管理と利用」（島田美和）が分析対象とするのは、北京の都市公園の設立や管理運営をめぐる変遷である。北京政府、南京国民政府、日本軍へと統治主体は変化したが、北京の都市公園は、市民の娯楽や心身の健康増進ならびに水資源の管理という意味づけを与えられ、華北の地方軍事勢力や北京市政府および地域社会などさまざまな管理主体の関わりが維持された。筆者は、こうした北京の都市公園の管理と利用のあり方をめぐる言説をひもとき、現代中国へと継承される都市公園のコモンズ（共有財）としての「公共空間」のかたちを見てとる。

　第4章「社会国家への模索――『労働保険条例』の施行と挫折」（小嶋華津子）では、「中華人民共和国労働保険条例」（1951年3月施行）をめぐり、党・国家内部、党・国家と工会（労働組合）、中央と地方、幹部と労働者大

衆の間で繰り広げられた協力と対立の過程が分析される。同条例は、共産党政権が労働者のサバイバル・ユニットたる国家を建設するための一大事業であったが、包摂範囲、利権の分配やイデオロギーの観点から激しい闘争や逸脱を引き起こし、その結末は、その後の中国の「公共性」のありようと連帯のかたちに大きな影響を与えることとなった。

　第Ⅱ部「地域の共同性と公論形成」の中心となるテーマは、「公共性」の重層性と公論形成である。自律的共同体は、国の「強さ」にいかなる影響をもたらすのか。分権化された地方や村・コミュニティなど共同社会を場に形成される「人称的連帯」が「非人称の連帯」へ、地域の共同性が国家の枠内にはめられた「公共性」へとつながりを広げ、再編される契機はどこにあるのか。また、政治参加による公論形成について、共産党政権下の言論封殺の現状をみれば、自律的市民による討議、それに基づく連帯と「公共性」の形成は現実味をもたない。しかし共産党とて、安定的統治のために、一定の参加と効果的な「ニーズ解釈」の政治を必要とすることに変わりはない。国家権力と自由な言論空間の関係は、弾圧－被弾圧のみならず相互利用と表現しうる側面をも有しているのである。

　第5章「郷里空間の統治と暴力――危機下の農村における共同性の再編と地域自治政権」（山本真）では、民国時期の河南省南西部の農村を対象に、匪賊の襲撃や地方軍事勢力による収奪という危機に際し、在地の指導者が自衛を軸に既存の社会関係を再編し、地域主義的な自治政権を構築した過程が分析される。宗族・村落といった従来型の関係を超え、住民の生命・財産の保護のみならず公共事業をも推進した自治政権のあり方は、中国における「共同性」の柔軟さ、「共同性」と「公共性」のつながりの可能性を示しており、集権－分権をめぐる今日的問題を考える手がかりを与えてくれる。

　第6章「都市コミュニティの建設――『社区』とコミュニティ」（朱安新・小嶋華津子）は、北京市西城区月壇地区を事例に、1990年代末より推進された「社区」建設の試みを共同社会、公共性という観点から分析したものである。「社区」建設とは、「単位」から解放された住区を、行政機関化された居民委員会を通じて再び国家管理の下に統合するプロジェクトであり、上

からの「社区」建設が、下からの共同体意識さらには元「単位」の枠を超えた公共意識を育むには時間を要する。しかし同時に、生活、福祉という領域において、「社区」の枠組みを利用した新しい連帯のかたちも模索されつつあり、ここに「共同性」のもつ柔軟さを見出すことができる。

　第7章「『協商民主』と地域社会——協商民主に探る新たな公共性創出の可能性」（中岡まり）では、近年都市部の「社区」で推進されつつある「協商民主」の実態を通して、公論形成の現状が分析される。筆者によれば、「協商民主」は、地域的共同性の形成を通じた統治の効率化を目的に推進されたものの、協商のイシューおよび参加者が共産党により決定される現状において、そこに構築される社会ネットワークは自ずと閉鎖性ともち、住民からの信頼に足るものとはなっていない。

　1）　そのほか、齋藤（2000）によれば「公共性」という概念は、国家に関係する公的な（official）もの（国家が法や政策などを通じて国民に対して行う活動。公共事業や公共投資）という意味でも用いられるが、本書ではより広く「公共性」を捉え、国家を、地方の自律的諸勢力、市場、共同体、私的アクターと並ぶ一アクターと捉える。

参考文献
日本語
アレント、ハンナ著／志水速雄訳（1994）『人間の条件』ちくま学芸文庫。
小浜正子（2000）『近代上海の公共性と国家』研文出版。
齋藤純一（2000）『公共性』（思考のフロンティア）岩波書店。
孫文著、安藤彦太郎訳（1957）『三民主義』（上）岩波文庫。
高橋伸夫（2005）「中国における市民社会論の現在」山本信人編『多文化世界における市民意識の比較研究—市民社会をめぐる言説と動態』慶應義塾大学出版会。
陳其南著、林文孝訳（1994）「伝統中国の国家形態と民間社会」溝口雄三・浜下武志・平石直昭・宮嶋博史編『社会と国家』（アジアから考える4）東京大学出版会。
ハーバーマス、ユルゲン著、細谷貞雄・山田正行訳（1994）『公共性の構造転換—市民社会の一カテゴリーについての探究』（第2版）未來社。
藤田弘夫編著（2010）『東アジアにおける公共性の変容』慶應義塾大学出版会。
溝口雄三（1994）「アジアにおける社会と国家形成」溝口雄三・浜下武志・平石直昭・宮嶋博史編『社会と国家』（アジアから考える4）東京大学出版会。
溝口雄三（1995）『中国の公と私』研文選書。
吉澤誠一郎（2002）『天津の近代—清末都市における政治文化と社会統合』名古屋大学

出版会。

英語

Béland, Daniel and André Lecours (2008) *Nationalism and Social Policies*, Oxford Scholarship Online (DOI: 10.1093/acprof:oso/9780199546848.001.0001)

Cheek, Timothy and Juan D. Lindau (1998) "Market Liberalization and Democratization: The Case for Comparative Contextual Analysis" in Lindau, Juan D. and Timothy Cheek eds. *Market Economics and Political Change: Comparing China and Mexico*, Lanham: Rawman & Littlefield Publishers, Inc.

Dickson, Bruce J. (2000-2001) "Cooptation and Corporatism in China: The Logic of Party Adaptation," *Political Science Quarterly*, Vol. 115, No. 4, pp. 517-533.

Elias, Norbert (1987) *Involvement and Detachment*, Oxford: Blackwell.

Fraser, Nancy (2008) *Unruly Practices: Power, Discourse and Gender in Contemporary Social Theory*, Minneapolis: University of Minnesota Press.

Huang, Philip C. C. (1993) '"Public Sphere"/"Civil Society" in China?: The Third Realm between State and Society,' *Modern China*, Vol. 19, No. 2, Symposium: "Public Shere"/"Civil Society" in China? Paradigmatic Issues in Chinese Studies, III, pp. 216-240.

Rowe, William T. (1984) *Hankow: Commerce and Society in a Chinese City, 1796-1889*, Stanford: Stanford University Press.

Shambaugh, David (2008) *China's Communist Party: Atrophy and Adaptation*, Washington, D.C.: Woodrow Wilson Center Press with University of California Press.

Tsai, Lily (2007) *Accountability without Democracy: Solidarity Groups and Public Goods Provision in Rural China*, New York: Cambridge University Press.

Wakeman, Frederick, Jr. (1993) "The Civil Society and Public Sphere Debate," *Modern China*, Vol. 19, No. 2, pp. 108-137.

Walder, Andrew G. (1986) *Communist Neo-traditionalism: Work and Authority in Chinese Industry*, Berkeley: University of California Press.

第Ⅰ部

包摂と排除
──都市、コミュニティ、福祉

第1章

国家権力と流動人口
――清末民初の乞食管理問題にみる国家権力、管理、「公共空間（圏）」

衛藤安奈

はじめに

　本章は、近代中国[1]における国家権力、管理、「公共空間（圏）」の関係を、清末民初の乞食管理問題を通じて考察しようとするものである。ただし、前二者と「公共空間（圏）」というテーマの結びつき方、およびそれが有する今日的意義を確認するため、まずは現代中国における乞食管理問題[2]から説き起こしたい。

　1982年5月、中国国務院は、改革開放後に都市部に増大した流動人口に対処するため、乞食も含めた流動人口への行政措置として「城市流浪乞討人収容遣送辦法（都市浮浪乞食人収容送還実施規定）」を公布し、都市管理を強化した[3]。しかしその管理方法の粗暴さゆえに、2003年3月に孫志剛という若者が死亡する事件が生じ[4]、国家権力による社会管理のあり方に大きな疑問が投げかけられた。これ以降中国では維権運動と呼ばれる新たな動きが展開することになった[5]。

　孫志剛事件以降に興った潮流は、本章で理解するところの「公共空間（圏）」を目指す動きだといいうる。ただし「公共」という用語の使用には慎重さが求められる。日本における「公共」への一般的理解には、しばしば指摘されるように国家が主導権を握るべき領域というイメージがつきまとう。齋藤純一『公共性』は、このような通俗的理解における「公共性」が、同質性を好み多様性を圧殺する、閉鎖的な「共同体」への志向に傾斜しており、

大いなる「共同体」として振る舞う国家権力に容易に回収されてしまうリスクがあると指摘する。そして、ハーバーマス、アレント、カントなどの議論を整理し、あるべき「公共性」を定義し直している（齋藤、2000）。本章ではとくに齋藤の『公共性』第2章の整理を参照し、異質な他者の存在（他者性）を許容する場を「公共空間（圏）」と理解する。多様性は、「他者性」の許容という態度においてようやく存在を担保される。

　ある意味において、乞食とは国家権力が最も包摂に失敗している「他者」の一類型である。真田是が『大日本百科事典』（小学館）[6]に執筆した「乞食」の項目によれば、乞食には「それぞれの時代の社会の問題の産物であり表現」としての性格があると説明される。第一に、乞食は社会の動揺期・移行期に増大するものであり、第二に、それぞれの時期の社会の主な生産活動からはじき出され、かつ社会統制が十分及ばないものであることから社会の病を集中表現したものとみなしえ、第三に生活困窮者としての性格を備えているからであるという。真田の説明は社会からの逸脱に重点を置いたものであるが、それは同時に、社会を管理する国家権力からの逸脱をも意味するはずである。そうであるがゆえに、乞食に対する国家権力の態度はよそよそしいもの、ないし警戒に満ちたものとなりやすい。

　近代の国家権力には、このように最も遠い「他者」たる社会的逸脱者＝乞食に対しても、徹底した管理を試みようとする傾向があった。M・フーコーによれば、そもそも近代を特徴づける重要な要素は「規律訓練（discipline）」型権力の出現であり、この「規律訓練」型権力は社会的逸脱者を矯正し、全体へ同化させることを志向する（フーコー、1977）。たとえば乞食も含めたいわゆる「浮浪者」──すなわち下層社会の流動人口──を収容・教育するための監獄制度が日本に整備されたのも近代以降のことであった[7]。清末民初の中国の場合、当時の都市部において、現在の感覚でいえば「公共の福祉」ともみえる諸政策がさまざまに打ち出され、1990年代以降の中国都市史研究の多くはそこに民主主義の可能性（市民社会の萌芽）を期待した[8]。しかしそれら諸政策のなかには、後述するように、「規律訓練」型権力への志向を思わせる要素も読み取ることができる。

　もっとも、東アジアにおける「規律訓練」型権力の出現には、より広い文

脈においては、列強による植民地分割競争が東アジアに到達したことへの、国家レベルでの防御反応という側面があった[9]。東アジアの「近代化」をめぐる諸研究には、いわゆる「近代化」政策と、対外危機に直面した国家権力における富国強兵意識の高まりとの関連を説くものが少なくない。乞食に対する眼差しが厳しさを増すのは、国家権力が被支配者への管理を強化し、みずからを維持・強化するために有用な「国民」の創出に取りかかる過程——それは不可避的に均質化をともなった——と軌を一にしていた。というのもみずからは生産活動をおこなわない乞食は、国家や社会を劣化させる「寄生」的存在とみなされるようになったからである[10]。

本章では、さきにあげた「公共空間（圏）」の定義を踏まえながら、清末民初の乞食管理の有していたベクトルを大づかみに概観していきたい。取り扱う地域は、中央政府の所在地であった北京、および北京の政策に大きな影響を与えた天津と、清末民初に高度な地方自治運動が展開した上海、またその隣接地域に限定する。時期は、清朝の近代化政策「新政」が実施された光緒年間から、上海で地方自治が施行されていた1915年までとする。ただしいうまでもなく、ここで扱うテーマに関してはすでに多くの先行研究の蓄積がある。本章ではそうした知見を借用しつつ、上海の商業紙『申報』にみえるいくらかの事例も適宜扱う方法を採ることにする。

I　清末の伝統的乞食管理の試み

1　清末の流動人口と悪丐

まず、『申報』によって報道された光緒年間の乞食問題の様相を、若干確認しておきたい。従来、清末の全般的状況として、自然災害の多発による難民の大量発生、およびそれにともなう動乱が指摘されてきた。2000年代前半、中国大陸の研究者によるユニークな試みとして、文献中に現れる災害や戦争の記述を定量・定性分析し、社会の受けた物質的・精神的損害を示す「苦痛指数（痛苦指数）」なるものが考案されたほどである[11]。上海近辺を含む長江下流域一帯に生じた具体的動乱としては、太平天国の乱（1851～1864年）、小刀会の乱（1853年）などがある。こうした動乱はまた、他方で傭兵

へのニーズを高めるため、結果として兵士くずれの男たちをも流動人口のなかに大量に排出することにつながっていたと思われる。

　おそらくはこうした流動人口から大量の乞食も生み出されていただろうと推測される。とくに注意しておきたいのは「悪丐」と呼ばれた者たちの存在である。光緒7年（1881年）に『申報』に掲載された乞食論「よい法を考え乞食を養うべきである」においては、悪丐という用語は、商店に対して強引なゆすりたかりをするごろつき同然の物乞いに始まり、芸能を披露する物乞い、怪我や病を演出して同情を引こうとする物乞い、衆に恃んでプレッシャーをかける集団方式を採る物乞い（金銭を与えられなければ全員で罵り騒ぐ）まで、多種多様な形態をひっくるめて指す言葉として使用されている（「籌法養丐説」『申報』1881年9月12日）。芸能型や演出型の悪丐などは、現代中国語における「職業乞食」[12]とほぼ同等のニュアンスをもつと考えられる。ただし前年の『申報』には、沿道に悪丐や無頼の徒が多いとされた寧波という地域において、ある乞食が商店をゆすったが満足のいく結果を得られず、店員の「太陽穴」（こめかみ付近）を石で殴り流血させる事件が生じたという表現がみえるから（「刁風難除」『申報』1880年6月21日）、悪丐という用語の最大公約数は、強引なゆすりたかりをする乞食というところに落ち着くのではないかと思われる。

　悪丐のなかには、後述するように、ときには大規模な乞食集団を従えて地域の秩序を動揺させる者もおり、乞食管理が秩序維持とほぼ同義にならざるをえなかった事情を垣間みることができる。より価値中立的にみれば、悪丐とは、その暴力性が支配体制のなかに組み込まれていない人々を意味するとみるべきかもしれない[13]。こうした人々については、たとえ「丐」の表現が使用されたとしても、それは必ずしも貧乏人を指さなかったようである。たとえば、「軍の犯罪者」を自称するような悪丐は、市内で酒や肉を口にし、「体がたくましく、声もよく通る（体軀雄偉、声音洪亮）」ような男であり、店はこれを恐れて金銭を与えないわけにはいかなかったという（「籌法養丐説」『申報』1881年9月12日）。この場合は乞食というよりも「アウトローのたかり屋」と呼ぶべきであろう。

　このような悪丐の存在は、中国に特殊なものであったとはいえない。日本

においても、物乞いたちの行き過ぎた行為が「悪ねだり」などと呼ばれて忌避されていたからである（塚田、2001 など）。

2 清末の乞食管理の基本形——善会・善堂と保甲制度

さて、近代的乞食管理の構築は、前項にみたような人々を管理していた前近代の管理体制と無関係ではありえなかっただろう。明治日本の「近代化」は、少なくとも同時代の中国との比較においてその迅速さが注目を集めてきたが、それは近世すなわち江戸時代において、社会に対する相対的に綿密な管理がおこなわれていたことと関係があったように思われる[14]。

清末の中国において、流動人口に対処していたものは善会・善堂や保甲制度であった。善会・善堂は一種の慈善活動をおこなう民間団体とみなせ、貧しい者の救済というかたちで乞食管理とも接点をもった。吉澤誠一郎による概説的説明を借用すると、「善挙（善い行動）によって功徳を積むと良い応報がある」という観念に基づき、有志の者（善士）が、「自発的に結社をつくって資金を募り事業を展開するもの」を「善会」といい、「同様の意図でつくられた施設のこと」を「善堂」という（吉澤、2010：165）。また善会・善堂が存在した時期は、明代末期より数えて約400年であるという（夫馬、1997）。

この善会・善堂が表面上主張するところの「善挙」は、むろん実際面においてもそうした実態を一定程度ともなってはいた。しかし同時に、乞食も含めた流動人口については、善会・善堂はこれを監視する治安対策の役割も担っていた。夫馬進が分析した清末の浙江省杭州の事例では、当地の善会・善堂はあたかも市役所のような大規模な集合体を構成し（これを夫馬は「杭州善挙連合体」と呼ぶ）、その管轄下に「棲流所」（病気となった旅人を収容する施設）、「粥廠」（難民に粥を施す施設）、「丐廠」（乞食頭に乞食が違法行為をしないよう取り締まらせる施設）という施設を設けていた。そして夫馬のみるところ、これらは、「一見恵まれない者に対する善挙であるかのように見えて（中略）一面で治安対策であった」（夫馬、1997：556）。

その「治安対策」としての一面は、たとえば杭城（杭州）で取られた「冬防」という措置をめぐる報道を通じて確認することができる。光緒5年

(1879年)、『申報』は同地の乞食対策の一環として、その前年に「冬防善堂」において「乞食公所」が増設される動きがあったことを伝えた。この「乞食公所」の目的は、「市内のすべてのゆすりたかりや諸悪丐を一斉に公所に収容し（生活に必要な最低限の）物資を与える（市中所有強索硬討諸悪丐一齊收入公所給養）」ことであり、それは慈善の心から発したものというより、「そのような人々が外で乞食をすることを許さない（不準其在外乞食）」ようにするためであった（「市規整粛」『申報』1879年3月14日）。

この冬防は、かつてW・ロウによって、清末における公共性の芽生えを示す事例の一つとして論じられたものであるが、J・チェンは、その目的がやはり冬季治安対策であったことを指摘している。冬は港湾が氷結して貿易活動が停滞し、また商店は休業し、主要な市場も閉鎖されるため、物乞いに適した場が一時的になくなる。そこで、冬に飢える流動人口に対応策を講じねばならなかったのである。なお夫馬による先行研究の整理によれば、冬季収容施設を設けるという発想は、地域によっては宋代にまで遡る歴史をもつという（Rowe, 1989: 127-130；夫馬、1997：796；Chen, 2012: 33-34）。

次に保甲制度に目を向けると、こちらは治安維持制度の一種とみなせ[15]、1908年に出版された日本語文献は「地方自治警察」と説明する（普文学会編、1908：120）。清末の保甲制度に関する一般的な理解では、10家で1牌、10牌で1甲、10甲で1保という単位で編成される（和田編、1939：177）。

乞食管理という側面からみた場合、保甲制度は県政府と「丐頭」を媒介するものとして機能していた。乞食は古くから「丐幇」などと呼ばれる乞食集団を形成し、丐頭と呼ばれる一種の「親分」によって統制されることが多かった（曲、1990；岑、1992）。清代に関しても、各地に丐頭、ないしそれに相当する者がいたことは知られており、この場合の丐頭とは、単なる乞食集団の頭目を指す場合もあれば、県政府[16]から公式に任命されているケースもあったという（村上、2013）。

しかし保甲制度や丐頭を通じた清末の乞食管理の実態は、少なくとも上海の事例をみる限り、きわめてルーズなものであった。たとえば光緒8年（1882年）の記事は、その前年に松江府漯水渡で呉森という人物を襲った強盗たちについて、次のように伝えている（「盗案再訊」『申報』1882年4月6

日)。逮捕された強盗たちは、地方官吏楊邑尊の取り調べにおいて普段の生業(なりわい)を問われ、物乞いなどをする、近頃はこそ泥もすると答えた。楊邑尊はこれらの強盗犯を「流丐」(流れ者の乞食)だと判断したあと、次のような措置を取った。

　　地保、丐頭に命じて流れ者の乞食を随時取り締まって追い出させ、各牌長と各甲長には保甲の事務をまじめにせよと指示した。

　地保、甲長、牌長とは、いずれも保甲制度の責任者の役職名である。この事例では、乞食管理の命令は、いちおう地方政府の末端から保甲制度の関係者(地保、甲長、牌長)に対して出され、丐頭はその保甲制度を構成する一部として扱われている。しかし命じられている内容は、外部から流れ込む厄介な乞食たちをひたすら外に追い出せというものである。保甲制度を通じた乞食統制経路は、厄介者を自己の管轄外に追い出すための、最低限の秩序維持装置としてのみ使用されている。
　幕末生まれの碩学・内藤湖南は、かつて『支那論』(1914 年刊)において、「盗賊などが出る時は、官吏は自分の行政区さえ侵されなければ差し支えないというので、成るべく隣りの行政区にこれを逐いやる」という構造の存在を指摘した(内藤、2013:107)。乞食管理もまた、その指摘通りの様相を備えていたことが垣間みえる。清末の保甲制度にも、まっとうな仕事についていない者を一般民衆と区別する発想は存在したものの[17]、江戸時代末期の日本と比較した場合、社会深くに介入し流動性を積極的に律しようとする志向は、それほど強固ではなかったようである(たとえば、村上、2013:122)。むろん、律しようにもできないという現実がまずは大きかっただろう。
　とはいえ呉森事件においては、楊邑尊はいちおう「外来の悪丐」と地元の「土着の困窮者、多病の老人、病人・身体障害者、年寄り(土著窮民、疲癃、残疾、年老)」を区別し、後者に対しては一定の範囲内での物乞いを許す態度をみせている。すなわち、「本地において社会秩序を守って物乞いする者に対しては、商店・住人が考慮し与えてくれるものを受け取ることは許す(准在本處安分求乞聽憑店鋪居民酌量施給)」という指示を出している。

しかし行政権力が介入するのはここまでであって、それより下、すなわち県政府と社会のあいだには大きな空間が開いていた。再び内藤湖南の言葉を引くと、「人民が皆県よりも以下なる屯とか堡とか、その小さい区域において自治をして、官の力を借らない」（内藤、2013：107）という状況が、当時の中国社会の常態であった。丐頭にせよ保甲制度関係者にせよ、本章で扱う事例に関して確認できるものは、どうやら県ないし鎮レベルまでのアクターのようであり、より小さな村落の自治に関与する存在ではなかったようである。

　光緒7年（1881年）のさきの乞食論「よい法を考えて乞食を養うべきである」は、「通都大邑」（交通の発達した都市）における悪丐の振る舞いが甚だしいとし、本来「丐頭所」の丐頭が各商店から集めた毎月の金銭をもって一般の乞食を養い、その行動を抑えるべきであるのに、結局「藪丐頭」（民間の丐頭）が金銭を着服してしまうので、一般の乞食が直接店舗に物乞いをせざるをえなくなっていることが原因だと主張している。県ないし鎮レベルにおける保甲制度関係者は、私利を追求するばかりで秩序維持という役割を満足には果たしておらず、制度は機能不全を起こしているというのである。

　同様の機能不全は「善挙」に関しても論じられている。光緒元年（1875年）の論考「善挙の実施は柔軟に変更するべきであることを論じる」においては、支給物資は「無頼、悪丐」にもっていかれるほか、「丐頭、地甲（保甲制度の保長）」により中間搾取されてしまい、真に困窮している人々にはなかなか届かず、「善挙」として意味をなしていないとされている（「論善挙宜変通」『申報』1875年10月26日）。だとすれば、「善挙」を通じて乞食の行動を抑え、秩序を維持するという目的も、果たされることは困難であっただろう。

　県ないし鎮レベルという空間においては、地域の丐頭と外来の丐頭のあいだに激しい衝突が起きることもあった。たとえば光緒14年（1888年）、江蘇省で「一隻眼」とあだ名された蔡慶という兵士くずれの起こした事件がそれに当たる。宮中档奏摺に基づく村上正和の分析によると、蔡慶は元郷勇（太平天国の乱の鎮圧で活躍した傭兵部隊）の男であり、暴力によって各地の乞食を配下に従え、松江府上海県・大倉直隷州宝山県に属する7つの鎮の丐頭と

争った人物である（村上、2013：112）。『申報』上に確認できる事件の発端は次のようなものである。蔡は乞食集団を引き連れて地域の丐頭[18]から金銭を集めていたが、あるとき、直塘鎮、横塘鎮、沙溪鎮の丐頭らが、蔡に収める金銭を3鎮分まとめて上海県の丐頭に預けておいたところ、蔡はその金額に不満をもった。蔡はこれでは横塘と沙溪の2鎮分にしかならないと因縁をつけ、直塘鎮を訪れてさらなる金銭を要求した。直塘鎮の丐頭は、蔡を丁寧にもてなしつつ、上海県の丐頭を呼び寄せて再度話をつけようとし、これを知った上海県の丐頭は、みずから赴く代わりに「武芸に精通した」者5名を派遣した。この5名が蔡側と械闘を起こし、死者が生じたという（「丐闘記」『申報』1888年4月1日）。

　蔡慶が元郷勇であったことに着目すれば、このような状況が発生した遠因として、さきに触れた清末の社会秩序の動揺などを考慮すべきだと考えられる。蔡慶事件は、清末の乞食管理制度の末端において、無政府状態に近いケースが存在したことを示しているといえる。

II　清末民初の近代的乞食管理

1　清末エリートの意識の変化──秩序維持から富国強兵へ

　しかし先行研究を参照する限りでは、より徹底的な乞食管理の必要性を清末の政治エリートに認識させたものは、前節にみたような下層社会の無政府状態ではなく、対外危機であったようである。明治の政治エリートに遅れること約10～20年、重大な対外危機として認識された事件は、通常「西洋の衝撃」を象徴するものとして知られているアヘン戦争（1840年）ではなく、日清戦争（1894年）と義和団事件（1900年）であった。清朝の首都近辺で発生した一連の外交的・軍事的敗北、それにともなう賠償問題の発生は、富国強兵の必要性をより広範囲の政治エリートや知識人に認知させ、ほぼこの時期から、中国の貧困問題は清朝の背負わされた賠償問題との関連で議論されていくようになる（Chen, 2012: 14）。

　この文脈に関連して、日清戦争以前と以後に相対立する視点をもった論考が『申報』にも現れている。まず、日清戦争以前に掲載された「乞食のため、

その哀れな境遇を主張する」と題した論考をみてみよう。ここで執筆者のいう「丐」とは縴夫(河船を人力で引く肉体労働者)のことであり、その多くが乞食であったという。執筆者は、老いた乞食が仕事を終えて陸に上がるや、「伙房頭」(いわゆるドヤ街の簡易宿泊所経営者とみられる。仲介業者でもあっただろう)にひどく殴られるのをみたことがあると述べ、それでもこのような乞食たちは、仕事を斡旋してもらうためには、伙房頭や乞丐頭のところに行かざるをえないと指摘した(「為丐呼冤」『申報』1881年2月28日)。この論考には、かつて柏祐賢が「包」的秩序と表現したもの、すなわち「包」と呼ばれる仲介業者らによって膨らんでいく中間搾取が、最終的に弱者に押しつけられている状況への目配りが認められる(柏、1986)。

一方、日清戦争勃発後の論考「民の智を開くことを論ずる」は、強いダーウィニズム的社会観[19]をもち、執筆者は、国家の危機にあたって憂慮すべきものの一つとして、「アヘン、酒、賭博によって失業し、ずるずる乞食になった者(犯烟酒賭博以失業而流為乞丐者)」を挙げている。そして「きわめて愚かできわめて賤しいからこのような下流となる(非至愚至賤之人曷為而入此下流耶)」と嘆く(「論開民之智続前稿」『申報』1895年8月3日)。

後者の論考を、これよりも約20年前(1876年)に日本の岡山県警の発した乞食管理に関する指示(「本県甲第五十九号」明治9年4月22日)とも見比べてみよう。この指示には、物乞いとは「万物の霊たる人」がおのれの人間性を「自棄」する行為に等しく、あるまじき「禽獣の道」である、したがって乞食を「人民たる本性」に戻さねばならない、物乞いをする者がいれば、区長、戸長、村吏が取り調べ、原籍へ送り返すように、とある(岡山県警部、1897:494-495)。

後二者には、あるべき国民の基準から逸脱する者を糾弾し改造しようとする意識、またあるべき国民の基準が経済的自立に求められている点などが共通している。勤勉な国民によって成長し続ける国家像はダーウィニズム的世界観と相性がよく、さらにいえばその根底にあるものは資本主義社会の出現である。先行研究によれば、清末知識人のダーウィニズム的世界観は、一足先に資本主義社会へと移行しつつあった日本の知的世界との接触を通じ、強化されたと考えられている。たとえば清末の革命家・梁啓超は、亡命先の日

本で福沢諭吉などの思想に影響を受け、みずから生産しようとしない者を「寄生虫」と表現し、「生産的」な国民の創出を訴えるようになったという（Chen, 2012: 17）。この発想においては、弱者は社会および国家を劣化させるため、放置しておくことも許されないのである。

　思想的にはこのようなダーウィニズム的社会観をベースとし、社会的逸脱者を国民につくりかえようとする近代的乞食管理が現れてくる。次項以降では、乞食管理の強化という観点からとくに重要と思われる貧民習芸所の登場過程に焦点を絞り、そのあらましを概観する。

2　中央政府の政策動向──「設立地方貧民習芸所案」発布まで

　貧民習芸所[20]とは乞食や無職の者に職業訓練や教育を施す施設を指す。しかしそれは単独で現れたものではなかった。はじめに地域社会をつくりかえるという要求があり、その実行者として警察機構がイメージされ、そのような社会改造計画の一部として、現実には警察機構と深く関わりながら貧民習芸所の運営が具体化していったと理解するのが適切のように思われる。

　清朝がその末期に近代的警察制度に注目していたことは先行研究によって明らかにされている通りであるが、その動機は、一般的には、義和団事件後に治安維持能力の回復・強化が必要とされたからだと説明される。たしかに地域社会の指導者の意識においてはそれが最優先事項であっただろう。ただ中央政府のレベルからみれば、当時は日清戦争、義和団事件と対外危機が相継いでいた時期に当たるから、近代的警察制度の導入には、単なる秩序維持能力の強化を超えた、対外危機に対処しうる強い社会を生み出す権力装置の確立という期待もあったように思われる。天津の事例について先行研究が述べているように、近代的警察制度の導入は行政制度にも影響を与えずにはおかず（吉澤、2002：第5章）、南書房の学者であった呉士鑑は、光緒32年（1906年）の上奏文のなかで、明治政府の富国強兵の秘訣は行政も司法も取り扱う警察制度にあると述べている（故宮博物院明清档案部、1979：713）。

　近代的警察制度の導入を検討する動きは、上海においては光緒帝による戊戌の変法の時期（1898年）にすでに確認されるという（Wakeman, 1995: 19）。戊戌の変法自体は清朝内部の保守派の反発によりすぐに頓挫したが、その保

守派も義和団事件の結末に危機感を抱き、結局は近代化政策の導入(「新政」)を決意する。光緒27年(1901年)、清朝は川島浪速に警察の改革を要請し、北京警務学堂の学長に就任させたといわれる(趙、2004;Chen, 2012: 34など)。

とはいえ周知のように、同年直隷総督となった袁世凱が天津においておこなった一連の近代化政策こそが、最も本格的な近代的警察制度導入の先駆けであった。袁世凱は日本の警察庁から三浦喜伝を招聘し、また日本に代表団を派遣して、司法、教育、警察、監獄の視察をおこなわせた。この動きのなかで、乞食や無職の者に職業訓練や教育を施す施設の構想も具体化し、光緒30年(1904年)に天津罪犯習芸所が設立される(吉澤、2002:第5、7章;Chen, 2012: 22-25;田中、2015:33-34)。

もっとも北京においても、光緒28年(1902年)に清朝商部によって類似の施設である京師工芸局が設立されている(彭、2000:51)。この施設の構想をめぐる議論に関わった者の中に順天府尹の陳璧らの名がみえ、陳璧の職務には北京の治安維持が含まれていた[21]。光緒33年(1907年)には、中国初の遊民取締規定を含んだ治安警察法とされる「大清違警律」も公布され(Chen, 2012: 34)、乞食も含めた遊民は、日本と同様、警察によって拘留・指導されるべき存在として法に定められた。こうした動きのあと、乞食管理は立憲制を支える地方自治の体系にも位置づけ直される。具体的には、清朝が日本をモデルとして定めた地方自治の規定「城鎮郷地方自治章程」(1909年1月)の「善挙」の項目に、「貧民習芸」が含まれたのである(故宮博物院明清档案部、1979:728-729;夫馬、1997:619-620;田中、2015:43-44)。

しかし1911年に辛亥革命が発生し、清朝は改革の成果をみることなく滅亡した。代わってこうした政策を引き継いだのは北京政府工商部であった。同部は民国2年(1913年)、官辦と民辦の双方を想定した貧民習芸所の設置を各地に指示する「設立地方貧民習芸所案」を公布した(天津市档案館ほか編、1992:2470-2471)。

3 上海の場合──上海市政庁の貧民習芸所の完成まで

以上のような動きが中央政府で起こり、チェンのいう「職業訓練と救貧院

運動（the industrial training and workhouse movements）」とでも呼ぶべきものが各省に拡大していくなか、意外にも上海では、こうした動きは遅れ気味であったという（Chen, 2012: 39）。

　上海史研究においては、上からの近代化政策とは別に、下からの地方自治が上海に出現していたことが知られている（「上海地方自治運動」）。その中心的アクターは善堂に起源をもつ上海総工程局（1905年開設）であり、これはのちに上海市政庁へと発展する。通常、袁世凱による地方自治制度の取り消し（1915年）までのおよそ10年間が上海の地方自治運動の時期とみなされており、夫馬の分析によれば、この運動は、ずば抜けた経済力に裏打ちされた地域有力者たちの活動に支えられていた。そのことがかえって、上からの政策を画一的に押しつけにくい構造を生んでいたのかもしれない。とはいえ中央政府の意向が無視されたというわけでもなく、「城鎮郷地方自治章程」公布後、上海総工程局は改めて中央政府の推進する地方自治奨励政策のなかに位置づけ直された（夫馬、1997：第10章；小浜、2000；2007）。

　チェンのいう「職業訓練と救貧院運動」の時期、該当する施設が上海に現れたのは光緒32年（1906年）の棲流所と勤生院のときであり、後者は宣統2年（1910年）に貧民習芸所として位置づけ直された。勤生院は、当時の上海道台・袁樹勲が地域の士紳の要請に応え、資金と土地を提供したものであるといい、チェンはこの勤生院という名称にも「生産的」国民像の影響をみる。一方で小浜正子によれば、この勤生院は、上海道台が「改良監獄」を建設せよという指示を上海市政庁に下したため、「監獄と一体化していった」という。上海の貧民習芸所は、いったん辛亥革命の発生を挟みながら、民国元年（1912年）8月、江蘇暫行市郷制第5条5項に基づき完成をみる。同年秋にはひとまず100人が収容されたという（小浜、2000：69；Chen, 2012: 39；「丐規撥充貧民習芸所経費」『申報』1913年7月4日）。

　こうした動きは、上海においても着実に、近代的乞食管理制度が整えられつつあったことを示すようにみえる。またその限りにおいては、本章が「公共空間（圏）」と理解するものとは逆の方向へ向かう、国家権力による他者性（多様性の源泉）の減殺過程が着実に進行しつつあったかのようにもみえる。

だが、当時上海市議事会議長を務めていた王引才の、貧民習芸所の設立意義に関する考えを確認すると、このような理解にも留保が必要となる。王引才の見解は、上海県知事公署の布告に引用された呈文というかたちで『申報』にみることができる（「丐規撥充貧民習芸所経費」『申報』1913年7月4日）。この呈文において王引才は、貧民習芸所の経費の不足を訴えると同時に（施設の毎年の所要経費2万5000元は借金で補っている状態であったという）、それまで商店が丐頭に支払っていた秩序維持費を、上海市政庁の設置した「慈善団」に集め、貧民習芸所の運営費とするよう求めている。

　自身の要求の正当性を、王引才は次のように主張している。かつて商店が丐頭に金銭を払っていたのは、悪丐による「擾累（じょうれい）」（騒動による嫌がらせ）を避けるためであった。おかげで丐頭は私腹を肥やしたものである。現在は巡警を広く設置したので物乞いは少なくなった。また貧民習芸所はまさにこのような流丐を収容し面倒をみるためのものなのだから、商店はもはや悪丐の起こす騒動に悩まされることはないのである。ゆえに丐頭が各商店に直接金銭を求めることを禁じ、これまで丐頭に支払われていた経費をすべて貧民習芸所へと充てれば、大いに有益である、と。

　要するに王引才は、貧民習芸所の存在意義はやはり秩序維持にあるとしている。おそらく、貧民習芸所の有用性を上海世論にアピールするうえでは、善会・善堂による「善挙」と保甲制度とを掛け合わせた機能を強調することが最も有効であったのだろう。また、このような言い方は、ある程度施設の現場の感覚を反映したものでもあったと考えられる。

おわりに

　中国において乞食を管理し秩序を維持しようとする行為は、前近代においては、善堂や保甲制度を通じ、丐頭を行政システムにつなぎとめるかたちでおこなわれていた。これはたとえば、夫馬が善会・善堂の検討を通じ中国の国家権力の特徴として述べた、「新しいものをただちに吸収し自らを活性化し維持してゆく柔軟性」の一つの現れ方であっただろう。だがそれが同時に、国家の介入によって民間に育ったものが変形させられてしまう過程でもある

ことに、夫馬は注意を促している（夫馬、1997：524-525）。

　いわゆる帝国の寛容性をめぐる言説にみられるように、伝統的乞食管理の方法は、一面においては寛容にみえなくもない。ただ、「外来の悪丐」を自己の管轄外に追い出せばそれでよいとする地方官吏の発想にみられるように、より正確にいえば、その根底にある態度は、「他者」に対する恐れ、無関心、放置、切り捨てであり、厳密な意味での寛容とは性質を異にする。悪丐の振る舞いや蔡慶事件にみえるように、前近代の下層社会から現れる「他者」は、ときにシステム全体を揺るがすほどの暴力性を備えていることがあった。この時代の秩序維持とは、こうした人々をシステムの末端につなぎとめて「他者性」をいくらか弱めるか、システム外へ放逐するかのどちらかで手一杯であったともいえる。

　だが、対外危機に背を押された近代国家建設の段階に入ると、「他者性」はもはや放置の許されないものとなる。その実効性はとにかくも、貧民習芸所などの装置を通じ、国家権力は「他者性」を強力に減殺しようと動き出す。誤解を避けるために述べておけば、その結果としての公共政策に、乞食を救済し社会全体に包摂する作用もありえたことを、ここで否定しているのではない。ただし本章で定義した「公共空間（圏）」の基準からみれば、善悪は別として、そこに国家権力による管理強化の動きが入り込む余地も大きく開いていたのである。

　それゆえ上海の地方自治運動に市民社会の萌芽があったとすれば、それはこのような公共政策のうちに同時に現れてくる均質化の弊害を、言語化・可視化し、「他者性」を許容する「公共空間（圏）」を創出・防衛するものでなければならなかっただろう。だが王引才の事例をみる限り、上海の貧民習芸所に地域の人々が見出していた意義は伝統的乞食管理の発想にとどまっていた可能性が高い。それは近代の国家権力ほど強力に「他者性」を減殺しようとするものではなかったが、「他者性」への寛容に裏づけられているともいえない意識のあり方であった。

　しかし、だとすれば、本章冒頭で触れた現代の孫志剛事件は、個人の自発性の尊重や救済に重きを置いた主張がなされ、一時的にではあれそれが拡大しようとする動きをみせた点において、現代中国社会の新しい側面を示すも

のであったと評価できる。筆者のみるところ、孫志剛事件にともなう維権運動の展開を可能とした要件の一つは、国家と社会の対抗関係以上に、国家の枠組みの安定度にあるように思われる（むろん「安定している」とは「強権的である」ことと異なる）。清末民初の乞食管理問題は、国家の枠組みが不安定な状況で推進されたものであった。一方、孫志剛事件発生当時、システム全体を壊しかねない強烈な「他者性」の出現確率は、清末民初よりははるかに低かったはずである。そのため事件以後、「他者性」を許容する「公共空間（圏）」を求める動きが、継続的に活性化することが可能となったのではないだろうか。

1) いうまでもなく「近代」という言葉の用法には多くの議論がある。本章では、いわゆる近代国家建設の努力が始まる時期以降を近代としておく。
2) 現代中国において乞食研究に先鞭をつけたのは劉漢太の名義によるルポルタージュ『中国的乞丐群落』（1987年）だといわれるが、社会問題としての乞食研究が盛んになったのは改革開放後である。『中国的乞丐群落』の邦訳には岡田陽一によるものと辻康吾監修によるものの2種類がある。
3) とくに問題視されたのは「職業乞食」の存在である。上海大学の学術誌『社会科学』に掲載された論考によると、「職業乞食」とは、一般的には、生活に窮してはいないにも関わらず、金儲けを目的として物乞いをする不道徳なニセ乞食を指すと認識されているという（路、2004：75の注①）。
4) 孫志剛は身分証明書をもたなかったために広州の収容所に収容され、所内で暴行を受け死亡したといわれる。
5) 「城市流浪乞討人収容遣送辦法」は2003年6月に廃止され、「城市生活無着的流浪乞討人員救助管理辦法（都市生活において拠り所のない浮浪乞食人員救助管理実施規定）」に切り替えられた。収容作業を実施していた収容遣送站（収容送還センター）も救助管理站（救助管理センター）と名が改められた（路、2004：74；呉、2014：210-211）。
6) 2016年時点におけるジャパンナレッジ版を参照。
7) 安丸良夫によれば、「犯罪者として処罰される者の数が激増し、警察権力の民衆生活への介入が強化」されるまでに要した時間は、およそ「明治十年代末」までであったという（安丸、1995；2013：118、195）。
8) 当時参照された概念は、ハーバーマス『公共性の構造転換』において提起された「公共性」（他の訳語として公共圏、公的領域など）であった。現在では、ハーバーマスのいう「公共性」——当初においては国家と社会の対抗関係がとくに問われたようである——を清末民初にそのままのかたちで見出すことは困難だという点において、

大半の研究者は同意しているようである（Rowe, 1989；小浜、2000：序章の注22；吉澤、2002：10-11）。

9) フーコーは権力を、より漠然とした主体のみえないものとして扱っている。この点において本章はフーコーとは立場を異にし、国家権力（支配層）からの具体的な働きかけは、その開始点においてはやはり重要であると捉える。ただし当事者たちがどこまでそれに自覚的であったかは別の問題である。また松沢裕作によると、明治日本における伝統的共同体の解体と均質な行政制度の構築は、上からの圧力のみならず下からの自発的動きによっても進行していたという（松沢、2013）。上によって開始された「規律訓練」型権力の構築は、下からの応答により完成する側面をもつと筆者は理解している。

10) 日本を例に取るならば、明治8年（1875年）に出された東京での乞食取締に関する内務省警視局の規定（「（達）8年12月28日規第2574号」）に、たとえば次のような指示がある。巡査は「無籍、乞丐」を発見した場合、「警部において一応取調」、調査結果を所定の書類に記入したのち、それを東京府の戸籍掛に送付せよ、と（内務省警視局書記課編纂、1879：419-420）。当時の明治政府は、領土を確定・拡張しようとする過程において周辺諸国との緊張を高めつつあった（1874年の台湾出兵、1879年の琉球処分、1884年の甲申政変など）。国内の「役立たず」と目された人々を「生産的国民」に変えようとする志向は、やはり支配層における富国強兵意識の高まりとともに強まっていたように思われる。そして日露戦争から大正デモクラシーの時期にかけ、警察機構による社会秩序の再編過程は、「行政警察」による庶民への指導というかたちでさらに徹底された（大日方、1993）。

近代中国史における対外危機と近代化政策を関連づける理解は、たとえば近年の袁世凱伝などにみることができる（田中、2015）。乞食管理を同様の文脈で体系的に論じたものとしてはリプキンやチェンの著作などがある（Lipkin, 2006；Chen, 2012）。中国大陸の諸研究は、国家権力による乞食管理問題についてあまり深い考察をおこなわない傾向があるが、それはおそらく、政治問題に触れないよう社会史・文化史的範疇に叙述を限定するか、体制側の視点から救済・管理政策の有効性等を問うことに問題を限定する傾向があるためだと推察される。社会史・文化史としての乞食研究については相田洋の整理があり（相田、2010）、代表的著作として紹介されるものに、曲彦斌、岑大利、Hanchao Lu（盧漢超）のものがある（曲、1990；岑、1992；Lu, 2005）。救済・管理政策の有効性等を問うことに問題を限定した論文は無数にあるが、本章の執筆にあたって参照した文献のうちでは、彭南生のものがそれに該当する（彭、2000）。

11) 『清代災荒与中国社会国際学術研討会論文集』2005年8月に掲載された高建国らによる研究である。王娟の論文より再引用（王、2008：94）。

12) 注3)を参照。

13) この点については、中世日本の動乱期（鎌倉時代～南北朝時代）に現れた「悪党」をめぐる議論が示唆に富む（網野、1995：193-194など）。

14) 江戸時代の日本においては、支配層は人々を人別帳によって把握し、さらに下層社会に対してはいわゆる被差別集団を通じた統制をおこなっていたという。人別帳から除外された者は「無宿」として区別されたが、同様の区別は物乞いに対してもおこなわれていた。すなわち人別帳によって把握された物乞いは、江戸においては「乞食」と呼ばれ、そうでない者は「無宿」と呼ばれたともいわれる（ただし「乞食」の名称には多様な地域差があった）（日本史広辞典編輯委員会編、2001:「無宿」の項目；塚田、2001；喜多川、1970再版：199-200）。むろん江戸幕府による管理も、全社会を緊密に把握するものではありえなかっただろうし、その末期には制度的破綻の様相が現れていたともいわれる。だが清末中国における状況と比較すると、やはり高度な管理がおこなわれていた印象を受ける。このような日中の差を生み出していた構造的要因としては、1行政単位が管理しなければならなかった人口数の違いなどが指摘されている（岡本、2011：83-85）。
15) 保甲制度の歴史的起源に関する一般的見解に関しては、池田誠の記述を参照（池田、1954）。
16) 県という行政単位は日本の郡に相当した（内藤、2013：83）。
17) 遊民、前科者、土娼等は別戸、一般民衆は正常戸と呼ばれた（和田、1939：177-178）。なお清代における、必ずしも明示的ではないが暗黙の前提として共有されていた身分感覚については岸本美緒の論文を参照（岸本、2003）。
18) 正確には「江河乞丐」の頭と表記され、現地では「担頭」と称された。
19) ダーウィニズム的社会観に基づく文献として著名な厳復の『天演論』（原著はT・ハクスリー『進化と倫理』）の初版が出版されたのは1895年である。
20) 清末民初の各地域における貧民習芸所設立過程に関する論文は、断片的なものを数えればかなりの量にのぼり、次のような学位論文なども作成されている（蔣、2008）。
21) この問題をめぐる陳璧らによる上奏文が、たとえば光緒27年（1901年）の上諭などにみえる。『清朝続文献通考』第383巻の「実業考六」所収（劉編、2000：11301）。この上奏文は少なくとも清末の官営工芸局をめぐる論考などですでに扱われている（沈、1983）。陳璧と警察改革に関しては次を参照（孟、2015）。

参考文献
日本語
相田洋（2010）「中華乞丐考」『青山史学』第28巻、9-34頁。
網野善彦（1995）『悪党と海賊—日本中世の社会と政治』法政大学出版局。
池田誠（1954）「保甲法の成立とその展開」『東洋史研究』第12巻第6号、481（1）-512（32）頁。
岡本隆司（2011）『中国「反日」の源流』講談社選書メチエ。
岡山県警部（1897）『警察法規（下）』岡山県警部。
大日方純夫（1993）『警察の社会史』岩波新書。

柏祐賢（1986）『柏祐賢著作集（第 5 巻）』京都産業大学出版会。
岸本美緒（2003）「清代における『賤』の概念—冒捐冒考問題を中心に」『東洋文化研究所紀要』第 144 冊、81-131 頁。
喜多川守貞（1970 再版）『類聚近世風俗志』（原題『守貞漫稿』）魚住書店（初版 1928 年）。
呉茂松（2014）『現代中国の維権運動と国家』慶應義塾大学出版会。
小浜正子（2000）『近代上海の公共性と国家』研文出版。
―――（2007）「中国史における慈善団体の系譜—明清から現代へ」『歴史学研究』第 833 号、21-30 頁。
齋藤純一（2000）『公共性』（思考のフロンティア）岩波書店。
田中比呂志（2015）『袁世凱—統合と改革への見果てぬ夢を追い求めて』（世界史リブレット人 70）山川出版社。
趙軍（2004）「第一部 近代日本における日中文化交流」『国府台経済研究』第 15 巻第 2 号、5-57 頁。
塚田孝（2001）『都市大阪と非人』（日本史リブレット 40）山川出版社。
内藤湖南（2013）『支那論』文春学藝ライブラリー。
内務省警視局書記課編纂（1879）『警視類従規則坤巻』警視局。
日本史広辞典編輯委員会編（2001）『山川日本史小辞典 新版』山川出版社。
フーコー、ミシェル／田村俶訳（1977）『監獄の誕生—監視と処罰』新潮社。
普文学会編（1908）『警察法監獄学問題義解』清水書店。
夫馬進（1997）『中国善会善堂史研究』（東洋史研究叢刊 53）同朋舎出版。
松沢裕作（2013）『町村合併から生まれた日本近代—明治の経験』講談社選書メチエ。
村上正和（2013）「清代北京の乞丐頭と社会秩序」『社会経済史学』第 78 巻（第 4 号）、605-620 頁。
安丸良夫（1995）「明治初年の刑罰制度」安丸良夫編集『朝日百科・日本の歴史』別冊『歴史を読みなおす—「監獄」の誕生』朝日新聞社、38-47 頁。
―――（2013）『安丸良夫集（第 4 巻）近代化日本の深層』岩波書店。
吉澤誠一郎（2002）『天津の近代—清末都市における政治文化と社会統合』名古屋大学出版会。
―――（2010）『シリーズ中国近現代史① 清朝と近代世界—19 世紀』岩波新書。
劉漢太著、岡田陽一訳（1991）『阿 Q の王国—中国浮浪者列伝』草風館。
―――著、ISS 翻訳グループ訳、辻康吾監修（1991）『中華乞丐社会—どん底社会のシンフォニー』東方書店。
和田清編（1939）『支那地方自治発達史』中華民国法制研究会。

中国語

岑大利（1992）『中国乞丐史』台北：文津出版社。
「城市流浪乞討人収容遣送辦法」（1982 年 5 月公布）、人民日報サイト『人民網』2001 年

12月20日掲載　http://www.people.com.cn/GB/guandian/183/7123/7132/20011220/631520.html（2016年9月14日最終確認）

「城市生活無着的流浪乞討人員救助管理辦法」（2003年6月公布）、中華人民共和国中央人民政府サイト『中国政府網』2005年5月23日掲載　http://www.gov.cn/zwgk/2005-05/23/content_156.htm（2016年9月14日最終確認）

故宮博物院明清档案部（1979）『清末籌備立憲档案史料（下冊）』北京：中華書局。

蔣華剣（2008）『清末民初貧民習芸所分析研究』揚州大学修士学位論文。

劉錦藻編（2000）『清朝続文献通考（4）』杭州：浙江古籍出版社。

路学仁（2004）「救助管理站的困境与出路」『社会科学』2004年第2期。

孟小民（2015）「清末順天府警政建設初探」『湖北警官学院学報』2015年第7期。

彭南生（2000）「晩清無業游民与政府救助行為」『史学月刊』2000年第4期。

曲彦斌（1990）『中国乞丐史』上海：上海文芸出版社。

沈祖煒（1983）「略論清末官辦工芸局」『史学月刊』1983年第3期。

天津市档案館・天津社会科学院歴史研究所・天津市工商業聯合会編（1992）『天津商会档案彙編　1912-1928（3）』天津：天津人民出版社。

王娟（2008）「近代北京乞丐問題簡述」『歴史档案』。

『申報』（上海）

英語

Chen, Janet Y. (2012) *Guilty of Indigence: The Urban Poor in China, 1900-1953*, Princeton: Princeton University Press.

Wakeman, Jr., Frederic (1995) *Policing Shanghai, 1927-1937*, Berkeley: University of California Press.

Lu, Hanchao (2005) *Street Criers: A Cultural History of Chinese Beggars*, Stanford: Stanford University Press.（中国語：盧漢超（2012）『叫街者：中国乞丐文化史』北京：社会科学文献出版社）

Lipkin, Zwia (2006) *Useless to the State: "Social Problems" and Social Engineering in Nationalist Nanjing, 1927-1937*, Cambridge: Harvard University Press.

Rowe, William (1989) *Hankow Conflict and Community in a Chinese City, 1796-1895*, Stanford: Stanford University Press.

第2章
慈善団体と国家
──嬰児保護をめぐる「公共性」について

鄭　浩瀾

はじめに

　慈善とは、哀れみや情けをかけ、恵まれていない人々や被害にあった人々を助ける活動を指し、このような活動を展開する組織は、一般的には慈善団体と称される。自らの利益のためではなく、社会の貧者・弱者を助ける意味では、慈善団体の活動は公益性を表したものであるといえる。しかし中国では、その公益性は国家の管理体制の下で自由に発揮できない面がある。よく知られているように、その存在自体を否定された毛沢東時代と比べて、改革開放以降、慈善団体は再び活動空間を得られたが、その活動に対する国家的管理は依然として厳しいものである。現在、表舞台で活躍する慈善団体の多くは、国家と緊密な関係を結び、国家意思の強い影響を受けながら活動を展開する「半政府的」な組織である。「慈善腐敗」という用語が中国社会に流行していることが示すように、慈善団体と国家との間には、ときに腐敗をもたらす癒着がみられる。

　慈善団体と国家との癒着関係は、歴史的視点からみると、現在に突如表れたものではなく、伝統的な中国社会における慈善団体の特徴の1つともいえる。家族・宗族を基本とする伝統的な中国社会では、家族成員の活動を規制する儒教的倫理秩序が同時に皇帝による支配の原理をなし、国家と社会が「機能的同型性」の構造を表していた（岸本、1993；小浜、1999：31-38）。このような社会において、善堂や善会と呼ばれる慈善団体は、主として地域の

紳士の個人的な善行によるものであった。紳士たちは善堂や善会の結成を通して、地域社会の秩序の安定化に寄与するとともに、紳士自身の名誉や社会的権威を獲得しようとした[1]。このような活動にみられる「公共性」は、明らかに西欧社会の文脈でいわれている「公共領域」と異質なものである。

西欧の政治思想史の文脈で語られている「公共領域」の概念は、思想家によって解釈が異なるものの、理性的かつ独立的な「個」の存在を前提とし、国家権力に対する批判的な空間として使われる場合が多い（齋藤、2000：21-36）[2]。この概念が中国社会にどこまで適用されるのかをめぐる議論もあるが[3]、国家権力の恣意的な使用を防止する意味においては中国社会を分析する際にも必要な概念であろう。しかし中国では、このような「公共領域」の形成はいまだに課題として残っている。

一方、近代社会への移行は均質化をともなうグローバルな現象であり、清末民初以降の中国も例外ではなかった。近代とは、人間の生命が公共的・政治的意義を帯びるに至った時代であり（齋藤、2000：54）、その「公共的・政治的意義」とは、国家が国民という生命の集合体に対する関心を強め、健康な国民の創出に向けて強制的な権力を通して人々の活動領域に干渉し、管理を行うことを意味する。このような国民という生命集合体の全体利益を求めるナショナル的な動きを「国家的公共性」という概念で定義すれば、近代以降の中国の慈善団体は、この「国家的公共性」の強まりから大きな影響を受けるようになったといえる。では、その過程のなかで、慈善団体はどのように「国家的公共性」に関わりながら変容したのか。本章は、嬰児保護の問題を中心にこの問題を考察する。

嬰児保護は近代以降、人間の生命をめぐる「公共的・政治的意義」が最も象徴的に表れる問題の1つである。他の社会と同様に、中国でも嬰児遺棄と嬰児殺しは歴史が長く、民衆にとって家庭人口の増加を抑え、生計を立てていくための手段であった。明清時代には王朝政府もそれを禁止する政策を出したが、どのように棄嬰を救済し、養育するのかについて基本的には地域社会に任せていた。しかし民国期に入って以降、状況が大きく変化し、嬰児遺棄と嬰児殺しは、社会に古くから存在した悪習として認識され、国家が積極的に取り締まるようになった。さらに南京国民政府の成立以降、嬰児保護の

問題は、単に嬰児遺棄と嬰児殺しの防止という意味だけではなく、嬰児死亡率の減少と嬰児の健康な身体作りのための社会事業の推進という意味ももつようになった。

　民国期の慈善団体に関する研究は近年進んでおり、その代表作として中国では、周秋光や王春霞・劉恵新の研究（周、2010；王・劉、2009）、日本では、小浜正子や岩間一弘の研究などがある（小浜、2000；岩間、2000：65-90；2001：49-68）。嬰児保護関連の先行研究についていえば、民国期の育嬰堂に関する研究、キリスト教・カトリック教の社会事業に関する研究の一部のなかで比較的多く論じられており、また近年、清朝や民国時期の嬰児殺しの実態解明を試みた研究がある（King、2014；山本、2016）。これらの先行研究を踏まえ、本章は、嬰児保護事業が比較的進んだ地域である上海を対象地域として取り上げ、嬰児保護問題がどのように公共問題として登場し、この問題をめぐって慈善団体は国家とどのような関係を結んだのかを検討し、それを通して今日の中国社会にとっていかなる示唆を得られるのかという問題を考えたい[4]。

I　公共問題としての嬰児遺棄・嬰児殺し

　まず、民国初期の上海において、嬰児遺棄・嬰児殺しがどのように公共問題として登場し、それに対して政府がどのように認識していたのかをみよう。

　1842年に開港した上海は、外国資本が流入し、金融業・貿易業が他の地域より発達し、外来文化の受容も盛んな地域であった。児童問題についていえば、子供の心理を尊重し、子供を大人と区別して扱うような近代的子供観が中国の一部の知識人に受容され始めたのは、五四運動の前後であるが、上海はそれらの知識人が活動する主な拠点であり、『児童世界』や『児童画報』といった近代的な児童雑誌が相次いで創刊され、全国的に発信された（傅、2006：2-9）。他方、民国初期の上海は深刻な貧困問題を抱えていた。上海の人口は、1842年の54万人から、1936年の380万人、1948年の540万人に増加し、増加した人口の大半は近代的工場の発展にともなう農村労働力の流入や自然災害の発生にともなう難民の流入によるものであった（呉、2009：

51-61；戴、1994：48-55）。外来人口の大半が工場労働者や苦力などとして働き、仕事がなければ乞食に転化し、都市の貧困層をなしていた。このような地域においては、近代的児童観の普及どころか、子供は親に属する私物のような存在であり、労働力として使用されるのが一般的であった。また、計画外の子供（特に女嬰）、障害児が生まれた場合には、殺されたり遺棄されたりすることも珍しくなかった。

　『大公報』や『申報』といった当時の新聞から、日常生活における棄嬰の風景がうかがえる。棄嬰が発見された場所をみると、公園、町の入り口、市場付近、公衆トイレなどさまざまであった。人の出入りが多い場所を狙って赤ちゃんを捨てたのは、誰かに発見してもらい、生きてほしいという親の気持ちの表れだろう。ただ、生まれたばかりの嬰児は、一旦捨てられれば死の淵に立たされる。深夜にこっそりと捨てられることが多いため、通りかかった者に拾われて連れて帰られる場合もあるが、大半の場合はそのまま凍死・衰弱死し、野犬に喰われてしまう。このような棄嬰の風景は他の地域と変わらないが、膨大な貧困層人口を抱えた上海では、嬰児遺棄の問題と貧困との深い関連性がより鮮明に表れていた。

　民間団体である普善山荘の遺体処理報告から、嬰児の死亡をめぐる状況がある程度うかがえる。1927年旧暦10月の普善山荘の報告では、1ヵ月で租界と中国人居住地域で大人の木棺を35個埋葬したのに対して、子供用の木棺を889個埋葬し、そのうち無償提供したものが361個あった。無償提供された子供の木棺は、主に木棺なしの状態で発見されたり、届けられたりした遺体を埋葬するためのものであった（「普善山荘之報告」『申報』1927年11月26日）。冬になると、状況はさらに深刻化したようである。1928年旧暦1月には、大人の木棺15個を埋葬したのに対し、子供の木棺2602個を埋葬し、そのうち半分近くが木棺のない状態で発見されたり、届けられたりした遺体であった（「普善山荘陰歴正月份之報告」『申報』1928年2月23日）。年間の記録をみると、1928年には、普善山荘が埋葬した大人の木棺が438だったのに対して、子供の木棺は2万3099個であり、6倍近くの数であった。1929年には普善山荘が埋葬した大人の木棺が627個だったのに対し、子供の木棺は2万8620個であり、そのうち1万332個が草の袋で包まれた状態であっ

たという(「普善山荘 18 年報告」『申報』1930 年 1 月 19 日)。以上の数字から、子供の遺体数が大人のそれをはるかに超えていたことがわかる。

　貧困層に向けて無償(または低価格)で木棺を提供し、埋葬を行うために結成された慈善団体は、中国社会に古くから存在する善堂の一種である。1929 年の上海市社会局の統計では、これらの善堂は総計 35 個あり、年間 2 万個ぐらいの棺桶を提供し、3 万 8545 の遺体を埋葬した。そのうち普善山荘が最も規模が大きく、年間 2 万 9359 の遺体を埋葬し、その大半が子供の遺体であった[5]。

　ここから、民国初期の上海では、嬰児の遺体遺棄という深刻な問題が存在したことがわかる。子供が病死し、自ら埋葬費用を出せない場合には、善堂に遺体を搬送すれば、無料または低価格で善堂が所有する義塚(慈善墓地)に埋葬することができるが[6]、それにしても善堂まで遺体を搬送できず、そのまま路上に遺棄する者があった。遺体遺棄が最も多発したのは、長江北部の江蘇省と安徽省から来た「江淮客民」が居住する地域であったといわれている。そもそも「江淮客民」は、上海周辺の水路に船を泊め、その船を家として一時的に居住した極貧層であった。彼らが居住する地域において発見された子供の遺体の多くは草の袋で包まれた状態であったという。その死因についてははっきりしないが、当時の中国では近代的出産法がまだ普及しておらず、嬰児死亡率[7]が 20% 以上にも達したこと、またコレラ、天花などの伝染病が毎年多くの子供の命を奪ったことから、その大半は病死した乳幼児であったと推定できる。ただ、遺棄された遺体のうち、生まれたばかりで親に殺された嬰児や路上で遺棄されて衰弱死した嬰児(とりわけ女嬰)もいたことに注意しておきたい。

　嬰児殺しについては具体的な統計データが見当たらないが、南京国民政府が嬰児(女嬰)殺しを禁止する法令を多く出したことから、社会問題としてかなり深刻であったことが推測できる[8]。また全体的な傾向として、1928 年以降、嬰児の生命を保護する行政的な取り組みが強化されたことがいえる。1929 年に開かれた第 1 期民政会議では、浙江省民政庁長朱家驊が、浙江省で女嬰の数が男嬰のそれより 200 万人以上も少なかったことの要因を、「溺女」(女嬰を溺死させること)という社会的悪習にあると指摘し、男女不平等

状況の改善や国家の人口の確保という観点から「禁革溺女辦法議案」を出し、「溺女」の厳禁を唱えた。これを受けて、浙江省政府は、同年2月に女嬰殺しの厳禁令を省内各県市に通達した。さらに同年3月に内政部は各省政府に対して「禁革溺女辦法」を通行するよう命じた（山本、2016：17-39）。

上海では、女嬰殺しのみならず、嬰児遺体遺棄の禁止令も出された。その背景には、嬰児遺体の遺棄の多発が伝染病の発生・蔓延につながる公衆衛生問題であるという政府の認識がある（「市社会局禁止溺女棄嬰堕胎」『申報』1929年2月27日）。避妊技術がなく、自ら生命の誕生をコントロールできない民衆にとっては、嬰児遺棄と嬰児殺しは生計を成り立たせるための「合理的」な手段であったともいえるが、国家からみれば、公衆衛生に悪影響を与える民衆の悪習であり、取り締まりの対象であった。そこから浮き彫りにされたのは、嬰児の生命に対する配慮に欠如した民衆の姿であった。

1920～30年代の上海では、嬰児遺棄と嬰児殺しだけでなく、死んだ子供の遺体を刃物等で損害するということも発生した。その背景には、子供の死が悪い霊の仕業によってもたらされたものだと信じ、子供の遺体に損害を与えることによって悪い霊を退治しなければならないという認識がある。このような認識に基づいた行為は、「人道主義に背いた残酷的かつ迷信的な行為」であるとして政府によって禁止された[9]。そして「中華民国刑法」の改正により、死体遺棄や嬰児殺しに関する処罰規定が、より明確になった。1937年、親が死んだ嬰児の右手の親指を刃物で切り、乞食を通して街頭に遺棄させたということが発覚し、刑法295条に従って死体遺棄罪が問われ、2年6ヵ月の懲役が言い渡された[10]。1924年の上海で、遺体遺棄で逮捕された者が銀洋20元の罰金（または禁固2週間）だけを受けたことを考えると（「抛棄嬰尸之科罰」『申報』1924年11月8日）、遺体遺棄に対する取り締まりが1930年代以降強化されたことがわかる。そして、以上のような嬰児の生命を保護する一連の行政的な取り組みから、嬰児遺棄と嬰児殺しは南京国民政府にとって公衆衛生の維持や国家の人口の確保につながる公共問題であったこともいえよう。

Ⅱ　育嬰堂に対する国家管理の強化

　政府は、嬰児遺棄と嬰児殺しを禁止する法令を公布した一方で、貧しく自ら子供を養育する能力がない場合には、育嬰堂に届けようと市民に呼びかけた。1929 年に上海市社会局が公布した嬰児殺し・嬰児遺棄・堕胎の禁止令、1930 年に上海市政府衛生局と公安局が連合で出した乳幼児の遺体遺棄の禁止令、そして 1947 年に上海社警局が出した嬰児遺棄の禁止令は、いずれも育嬰堂の住所、電話等を公開している（「市社会局禁止溺女棄嬰堕胎」『申報』1929 年 2 月 27 日；「厳禁棄嬰」『大公報』(上海) 1947 年 7 月 30 日）。前述した遺体処理の活動を行う普善山荘も新聞紙に広告を出し、育嬰堂の積極的な利用を呼びかけた（「掩埋死骨防疫癘」『申報』1930 年 5 月 20 日）。では、上海ではどのような育嬰組織があり、南京国民政府の成立以降どのような変化が生じたのか。本節ではこの問題を検討するが、その前にまず、清朝の上海県における育嬰事業の状況を概観しよう。

　長江下流地域に位置する上海県は、明清時代から育嬰事業が発達した地域である。夫馬進によれば、清代の康煕 15 年（1676 年）までに長江下流地域にある 11 の府城レベルの都市のうち 8 割にのぼるところで育嬰堂が設立され、そのほとんどは民間の紳士が個人として結社したものであった。そして 19 世紀半ば頃になると、育嬰堂が県城レベル以下の鎮、村まで発展し、松江府では県城のみならず、鎮の一部においても設立された。育嬰堂がなかった鎮においては、接嬰堂や接嬰局といった育嬰組織が作られ、接嬰局が棄嬰を一時的に預かってから県城または府城にある育嬰堂へ移動させ、府城、県城と鎮の間に育嬰をめぐるネットワークが存在した[11]。

　同治年間には、保嬰会という新たな善会が誕生した。保嬰会とは、郷村単位で資金を集め、貧困家庭に対する物質的な援助を通して、嬰児を保護する善会である。道光 23 年（1843 年）に紳士の余治が地元の江蘇省無錫県青城郷浮舟村で結成したことがその最初の動きだといわれているが、物質的援助を通して嬰児殺しを防止し、乳母の確保や死亡率の高さといった育嬰堂の諸問題を解決する効果があるとして、結成後まもなく政府に奨励された。道光 26 年（1846 年）江蘇巡撫が「保嬰章程」を全省下に通知し、その後浙江省、

安徽省、福建省においても同様な通知が下され、政府による積極的な呼びかけのもとで保嬰会が次第に普及するようになった（夫馬、1997：319-375）。上海県では、同治13年から光緒年間まで県城において保嬰事務総局が創設され、その下の閔行鎮、馬橋鎮、高行鎮、陸行鎮、洋涇鎮、引翔港鎮の6ヵ所において保嬰分局と呼ぶ支部が作られた（夫馬、1997：337）。その活動内容をみると、農村の地縁・血縁的関係に密着した形で展開されたことがわかる。たとえば、保嬰事務局が援助を行う前には、まず地理的な範囲を定め、信頼できる年長者を「司察」として任命し、所定された地域内の妊婦の状況を調査させる。こうした調査を得て子供の扶養能力がない家庭であることを認定するが、たとえ認定されても、妊婦が援助を申請する際には親族または出身地の老人が同行しなければならなかった（張・銭・金、1934：229）。

　保嬰会のほか、地元紳士が郷村レベルで作って展開した育嬰事業も多く、そのうち家族・宗族の祠堂に設けられた育嬰堂もあれば、総合的な善堂の一部として活動を展開されたものもあり、一様ではなかったが（呉・姚ほか、1918：212-215）、いずれにしても、清朝半ば以降の特徴として、郷村レベルにおいて紳士個人が主導した慈善活動が活発に行われたことがわかる。その背景にはいうまでもなく、皇帝支配の儒教的論理秩序が社会に浸透し、紳士たちが慈善活動を通して自らの名望を高めるとともに、その論理的秩序を積極的に維持しようとしたことがある（梁、1997：307-318）。

　しかし、1911年以降になると、儒教的論理秩序が次第に崩壊し、代わって近代的国家が支配する秩序が成立していった。それにともなって育嬰堂も変容せざるをえなかった。育嬰堂の近代的変遷について、先行研究で多く指摘されているのは、「養」を重んじて「教」を軽んずることから、「教」と「養」の両者をともに重視する方向へと発展したということであるが（朱、1999：66-71）、上海も同様な傾向がみられる。ただ、その変化は突如生まれたものではなく、清末民国初期の地方自治運動、外国資本の流入や工場の発展などにともなう新たな紳商集団の形成、さらにカトリック・キリスト教の宣教活動の拡大などさまざまな要素から影響を受けながら生じたものである。その詳細はここで検討しないが、代わって指摘したいのは、清朝の育嬰堂と比べて、1930年代の育嬰堂は国家管理が強化されたなかで、より公共福祉

施設としての側面をもつようになったということである。以下、この点を中心にみていく。

周知のように、1928年以降、南京国民政府は、「各地方救済院規則」を公布して各省・区・各特別市、各県・市政府の所在地において既存の公立・官立慈善組織を接収し、老人・孤児・嬰児および障害児のための救済院を設立した。また、「管理私立慈善機関規則」を公布し、私立の慈善団体に対する「主管機関」[12]の監督責任を明確にしたうえで、①慈善団体が名称、所在地、会計、人員状況などの詳細情報を主管機関に報告し、関連部門からの検査と監督を受けなければならないこと、②新しい慈善組織を設立する場合や寄付金の募集の場合には行政許可が必要であることを定めた（「内政部頒布管理私立慈善機関規則」『申報』1928年1月13日）。

上海では、カトリック教会が設立した育嬰堂（徐家匯聖母院）もあったが、上海市社会局の管轄下にあったのは、主に中国人が設立した閘北育嬰堂、江平育嬰堂、上海育嬰堂、新普育堂、仁済育嬰堂という5ヵ所であった[13]。そのうち、仁済育嬰堂は1888年に設立した「留嬰堂」から1920年に改称されたものであり、最も歴史が長いものであるが、個人によって結成された団体であるという点においては他の4ヵ所と同様である（『上海民政志』編纂委員会、2000：236-238）。これらの育嬰堂に対して、1928年から上海市社会局による本格的な調査が行われた。

育嬰堂に対する調査の内容は、嬰児の保育方法から、活動経費の支出詳細、乳母の管理、衛生状況等の諸方面にわたった。これらの調査を通して、嬰児死亡率の高さという問題が指摘され、メディアに報道されるようになった。表1は、上海市社会局が1928年に市内の育嬰堂に対して実施した調査結果の一部である。同表からわかるように、嬰児死亡率は14％から80％まで育嬰堂によってばらつきが大きかったが、病児の死亡率はどの育嬰堂であっても6割以上を占めていた。その要因として市社会局が指摘したのは、一部の育嬰堂の衛生環境の悪さと、嬰児の生命に対する科学的な保育知識の欠如であった。

死亡率を下げるため、衛生環境の改善と近代的保育方法の実施が求められるようになった。1930年に開かれた内政会議において、考選委員会の代表

表1　上海における育嬰堂の死亡率（1928年）[14]

	収容人数	全体の死亡数	死亡率	病嬰数	病嬰の死亡数	病嬰の死亡率
上海育嬰堂	298	42	14.09	55	33	60.00
仁済育嬰堂	860	395	45.93	557	307	55.11
江平育嬰堂	162	45	27.77	29	25	86.20
閘北育嬰堂	254	86	33.85	265	239	90.18
新普育堂	315	253	80.31	85	85	100.00

出典：「上海育嬰事業統計」『社会月刊』1929年第1巻第6期：8-9。

　陳念中は、普善山荘の嬰児埋葬の記録をあげて嬰児死亡率の高さの問題を指摘し、各地方行政が育嬰堂に対する整頓を行い、科学的育児方法を実施すべきであることを提案した。同提案は内政会議で採択され、同年4月に「改善地方育嬰事業案」という行政指令として各県に出された[15]。

　政府が求めた「近代的保育法」とは、科学的・合理的に保育を行い、とりわけ衛生、栄養と規律の3点を重視するものであった。衛生に関しては、①室内の空気を換気すること、②洗濯や消毒作業を通して清潔な環境を提供すること、③必要な場合には医療機関と連携し、近代的な医療知識を身につけた看護婦の配置等を通して嬰児の健康を確保することなどがあげられた。栄養に関しては、乳母の身体の管理（身体検査、栄養管理）や乳母の人数の制限（最大2名）を通して母乳の質を確保すること、また自然哺乳にとどまらず、牛乳や粉ミルクなどの代用品も積極的に使用し、栄養を確保することが求められた。規律に関しては、飲食、排泄、沐浴、睡眠などを規定された時間帯で行い、生活習慣の育成が重視された。このような保育方法を実施するのは時間がかかり、すべての育嬰堂が短期間で変えられたわけではないが、政府は補助金の停止や管理人の更迭、活動の停止等の方法を通して育嬰堂内部の保育活動に介入するようになったといえよう。

　育嬰堂に対する国家の管理の強化は、同時に社会のさまざまな悪習に対する取り締まりでもあった。ほとんどの育嬰堂では女嬰の死亡率が男嬰の死亡率より高く、その原因については、男尊女卑の意識をもつ乳母が、女嬰に対して十分に気を配らなかったことが指摘された[16]。また、嬰児の身体に外

傷をつけることを通して病気を治療するという「迷信活動」や人身売買活動などが発覚し、相次ぎメディアに報道されるようになった。たとえば、当塗県の育嬰堂は 1922 年からの 6 年間で 560 名の乳幼児を販売し（「蕪湖快信」『申報』1927 年 11 月 26 日）、南通県にある唐閘育嬰堂も人身売買のネットワークと関係があることが発覚し、県政府から業務改善令を受けた（「南通閘婦販売女孩案」『申報』1929 年 4 月 1 日）。

　このように、国家の統一的な管理の下で、育嬰堂はもはや紳士が個人的に自由にできるような善行ではなくなり、代わって衛生基準をはじめ、乳母の選定や近代的保育知識をもつ人材の確保なども必要とされる公共福祉施設となった。南京国民政府はまた、首都の南京において「南京市育嬰事業指導委員会」を設立し、同委員会を通して市内の育嬰堂の活動を指導するとともに、嬰児保育の人材を育成した（許淑賢、1937：187-190）。しかし、このような公共福祉施設の開設は、農村地域においては容易なことではなかった。1928 年以降の上海では、郷鎮レベルにおいて育嬰堂が新たに作られたことはほとんど報告されておらず、血縁的・地縁的な関係をもつかつての保嬰会の存在を考えると、一部の農村地域においては嬰児保護活動は衰退した側面があったことも否めない。

　育嬰事業をめぐる都市と農村との格差、そして地域間の格差は 1930 年代の時点ですでに顕著に表れた。「各地方救済院規則」によれば、県レベルにおいて育嬰所は社会救済院に付属する施設として設立されなければならないが、表 2 のように、1935 年の時点において江蘇省と浙江省では、それぞれ 64 と 110 の育嬰施設が作られたのに対し、河南、河北、雲南といった地域ではわずか数ヵ所しかなく、県レベルで育嬰所さえ設立されなかった地域も一部あった。このような育嬰事業をめぐる地域的格差は、長江下流地域において清朝の時代から育嬰事業が発達していたことも関係しているが、国家レベルの嬰児保護事業の推進が主に都市部を中心に行われ、地域ごとの非均質性をもっていたことも要因の 1 つとして指摘できよう。

表2 各地域における育嬰施設について 17)

區別	施設数	救済人数	活動経費（元）
江蘇	64	5,195	186,885
浙江	110	12,155	269,307
江西	40	2,279	30,428
湖北	14	471	8,542
湖南	78	5,930	223,804
雲南	4	30	3,900
福建	10	406	5,918
廣東	18	299	18,125
河南	2	55	7,616
河北	9	不明	1,000
山西	26	1,284	26,677
遼寧	2	71	5,000
吉林	2	46	500
黒龍江	不明	不明	不明
熱河	不明	不明	不明
綏遠	7	215	616
察哈爾	1	24	265
新疆	不明	不明	不明

出典：「我国育嬰堂制度的演進」『申報月刊』1935年第4巻第7号：177。

Ⅲ 嬰児保護と「公」

　以上のように、「国家的公共性」の強まりのなかで育嬰堂は国家の公共福祉施設として改造されなければならなかった。一方で嬰児保護活動を積極的に推進し、「国家的公共性」の構築に尽力した慈善団体もあった。中国育嬰保健協会、中華慈幼協会などがその代表的なものである。以下、これらの慈善団体の活動に触れながらその公共的性格についてみよう。
　1920年代の上海では、嬰児保護という用語は主に嬰児遺棄と嬰児殺しを

防止し、棄嬰の生命を保護するという意味で使用されることが多かったが、1930年代になると、妊婦・胎児の健康から、科学的保育法の普及を通した嬰児死亡率の減少および嬰児の健康な身体作りを意味するようになった。科学的嬰児保育方法の普及や衛生習慣の育成という意味では、嬰児保護事業に携わった慈善団体の活動は明らかに民衆に対する「教化」・「啓蒙」的な性格が強かった。「教化」・「啓蒙」の対象は、主に子供をもつ一般民衆、とりわけ貧困層の親たちであった。たとえば、1929年に結成された中国育嬰保健会は、結成の趣旨として次のように述べている。

　我が国の育嬰方法は、従来適当に行われてきた。嬰児が育って大きくなることは、自然に任せることであり、好運によることであるといってもよいが、それが、大人になってからも健全な身体と体格をもたずに、我が民族の弱みを生み出す大きな原因になっている（中国育嬰保健会、1932：41-42）。

　中国育嬰保健会は1929年に育嬰事業に関心をもつ有識者を集めて発足したものである。同組織は、前述した普善山荘が埋葬した子供の木棺数の多さに注目し、嬰児死亡率の減少に向けて、西洋医学の小児科医師による子供の無料診察所を南京市内に設立し、診察とともに嬰児衛生知識の普及、嬰児病気の診療と治療、予防接種などの活動を展開した（李紫衡、1935：85-90）。
　中国育嬰保健会の活動範囲が主に南京に限られたのに対し、1928年に上海で成立した中華慈幼協会は、全国レベルで活動した児童関連の慈善団体である。同組織は、児童権利の保障および幸福の実現を趣旨とし、『現代父母』という刊行物を上海で創刊し、嬰児のみならず、青少年まで児童の健康と福祉に関わる科学的育児法の普及に努めた。そして同組織は国家ときわめて緊密な関係を結んだ「半政府的」な慈善団体であったことに注意しておきたい。その「半政府的」な性格は具体的に、①団体の管理者が政治家か、政治家と密接な関係をもつ人物であったこと、②寄付金の収集および活動の展開に対し政府が大きく支援したこと、という2点に表れる。
　中華慈幼協会の会長を務めた孔祥熙は1928年に南京国民政府工商部長、1930年に実業部長を務め、経済界をリードする政治家であった。また、同

組織は 1934 年から定期的に「全国慈幼指導者会議」を開催し、全国から幼児教育、小児科、保育関係の専門家を集めて衛生、医療、教育などの諸方面における児童福祉関連の問題を討論し、提案を行った[18]。1934 年に開催された同会議では、児童関連の専門家、保育者などのほか、軍事委員会委員長の蔣介石、国民党中央常務委員会委員の戴季陶、上海市長の呉鉄城、内政部長の黄世雄などの政治的な実権者も出席し、そのうち蔣介石と戴季陶がそれぞれ中華慈幼協会の名誉主席と副主席に選出された（「全国慈幼領袖会議昨晨開幕之盛況」『申報』1934 年 10 月 10 日）。

中華慈幼協会の寄付金帳簿も、政治との「親密性」を示している。1934 年 1 月から 4 月までの間に、中華慈幼協会が得た寄付金は、総額 6 万 1000 元程度に達した。アメリカ慈幼協会などの外国からの寄付金もあったが、大半は中国の政府部門または個人からの寄付金であった。表 3 が示しているように、寄付の金額は 1 元から 5000 元まで人によって異なったものの、数百元単位で出したのはほとんど政治家や経済界の有力者であった。最も多くの寄付金を出したのは、「慈幼舞会」（児童を慈しむ社交パーティ）である。同会は宋美齢をはじめとする政治家の夫人たちが主催し、政治界・経済界の有力者や企業の代表者が社交活動を行った場である。1934 年 5 月に上海で行われた同会は、一夜で国内企業や外資系企業から 1 万件の贈与品を獲得したため、中華慈幼協会に多くの寄付金を出すことができた（「沪慈幼舞会、各界参加熱烈」『益世報』（天津）1934 年 5 月 23 日）。

ここで、中華慈幼協会の活動が公権力としての国家の活動なのか、「私」としての慈善活動なのかは曖昧であり、「公」と「私」が混同した構造が確認できる。しかしまさに両者の混同によって、同組織は順調に活動を展開することができた。1931 年に、南京国民政府は、4 月 4 日を児童節として設定することを求める中華慈幼協会の提案を採択し、1935 年には毎年経常費の 8 万元を慈幼事業の活動費として支出することを決定し、その活動費の具体的な使用については、中華慈幼協会が指導的な役割を発揮するよう求めた[19]。これらのことが可能になった背景に、政治家からのバックアップがあったのは明らかなことであろう。

岩間一弘は、民国期の中国救済婦孺会に対する考察を通して慈善団体の動

表3 1934年、中華慈幼協会への寄付者名簿（1934年1〜4月）

寄付金額	寄付者名前
200〜300元	朱慶瀾、国府軍事委員会、陳儀、瀋成章、穆湘玥、邵子力
300〜500元	海軍部、「International Savings Society」、工部局（用途指定、慈幼小学へ）、林森、富文濤、宋斐卿、趙子貞、閻錫山
500〜1000元	朱家驊、周宗良
1000〜2000元	汪少丞、林蘭圃、鄭子嘉、華清泉、張瑞棠、蕭子貞、呉秉初、劉春圃、胡海楼、王兆熊、Mr. J. Meyrier、四明銀行、中匯銀行、内地自来水公司
2000〜10000元	蕭廷芳、アメリカ慈幼協会、フランス協聯誼会、中国通商銀行傅篠庵、杜月笙、金廷葆
10000元以上	慈幼舞会

出典：「中華慈幼協会捐款徵信録：民国23年度1月至4月之報告」『現代父母』1934年第2巻第4期：35-40。

機について功利主義的な打算があったことを指摘する（岩間、2001：49-68）。慈善活動を行う政治家のなかには、いうまでもなく個人利益のために活動した者がいた。また表3のように、中華慈幼協会への寄付者名簿のなかには、上海の青幇のトップである杜月笙のようなヤクザ社会の有力者もいた。杜は、中華慈幼協会への個人寄付者のなかで最も多くの金額を寄付し、その動機として功利主義的な打算があったのは否めないだろう。しかし他方で、民衆を啓蒙し、国を救うという認識の下で献身的に活動した知識人たちや、人道主義的な認識に基づいて活動したキリスト教の信者も大勢存在し、どこまで功利主義的な打算による行為であったのかについては、実に判別しにくいところである。

また、慈善団体に対するキリスト教の影響があったことも見落としてはならない点である。中華慈幼協会の結成は、キリスト教との関係が深く、結成当初の執行委員会のメンバーのなかには、会長の孔祥熙をはじめ、余日章、丁淑静などキリスト教信者が多かった。嬰児保護活動に携わったもう1つの慈善団体である「児童幸福委員会」[20] も同様に、結成者の多くをキリスト教信者が占め、民国期の嬰児保護活動の展開をみる際には宗教からの影響を抜きにしては語れない。国家からみれば、嬰児の生命を保護し、嬰児の身体の健康を守ることは強国の基本であるが、キリスト教信者からみれば人道主

義に基づいた慈善行為であり、両者の出発点は異なったものの、嬰児の生命に対する保護と福祉の促進という意味では、活動内容が一致していたのである。

　問題は、慈善の動機が私的利益のためであるかどうかという点ではなく、他者性をもつ公共的行為自体が、社会団体内部の自律的かつ安定的な規範から生まれたものではなく、有力者個人が主導したものであったという点にある。その結果、政治的バックアップがあった場合には慈善団体が活動空間を獲得できるが、反対に政治的バックアップを喪失すると、活動する空間も縮小するというように、慈善団体の公益活動の展開が有力者と国家の公権力との関係に左右されるという不安定性がある。

　育嬰堂の場合においても同様なことがいえる。育嬰堂と国家との関係は完全に管理される側と管理する側という視点では捉えられない。育嬰堂の運営者の状況をみると、その一部が国家の公権力と深い関係をもっていたことがわかる。たとえば、上海で最も歴史があり、戦時中に唯一活動し続けた組織である仁済育嬰堂の場合、その主な経営者であった王一亭は、清末民初の時期に日商上海製造絹糸社の社長、上海市政府交通部および商務部の部長を務め、1913年以降上海の公益事業に積極的に関わった人物であった。彼の死後、黄涵之という人物が同組織を経営したが、黄は上海仏教会常務理事、上海市公益局の局長などを務め、1936年以降上海連合会救済戦区難民委員会の主席として上海の難民救済事業に貢献した人物である（李新編（第6巻）、2011：3784-3788）。新普育堂についてはいうまでもなく、陸伯鴻という人物の影響力が大きかった。陸はカトリック教徒であったが、同時に上海市内地電灯会社、華商電気会社、鋼鉄会社などを設立し、民国初期の上海におけるインフラの近代化に貢献した実業家であった（李新編（第4巻）、2011：2363-2366）。

　人間関係をもつからといって必ずしも政府と良好な関係を構築できるわけではないが、政府からのバックアップは育嬰堂の運命に影響する決定的な要素であったといってもよい。これは上海だけでなく、ほかの地域にも同様にみられる点である。たとえば、北平育嬰堂は1928年以降、政府による管理強化のなかで政府の補助費が停止され、運営の危機を迎えた。しかし同育嬰

堂の運営者である朱慶瀾将軍は、ただちに育嬰堂内の年長の子供たちを黒龍江女子教養局に移籍させ、同時に社会的な寄付金の収集に動き出した。このようなことが可能となったのは、朱が東北三省特別行政区長官、東北賑務委員会委員長などを務めた経験をもち、黒龍江において大きな政治的な影響力があったことと関係しているだろう（李新編（第8巻）、2011：5486-5492）。

　北平育嬰堂と対照的だったのは、天津の長蘆育嬰堂である。同育嬰堂は塩の販売商人集団から創設時より一貫して寄付金の提供を受けた関係で、長い間経済的問題に悩まされたことはなかったが、1930年に津武口岸における塩の販売が政府の管理下に置かれるようになると、状況が一変した（「蘆塩官運辨法已経擬妥」『大公報』（天津）1930年8月4日）。1931年、同組織は天津市社会局の管理下に置かれたが、政府は経費を負担しようとはしなかった（「育嬰堂的経費」『大公報』（天津）1931年1月7日）。1936年、民間団体という理由でその活動に対する政府からの補助金はすべて停止され、長蘆育嬰堂は経済難に陥った（「長蘆育嬰堂概況」『益世報』（天津）1936年5月10日）[21]。同育嬰堂の衰退はさまざまな要因があるが、その1つとして、政府からのバックアップを得られなかったことがあげられよう。

おわりに

　中国では、1920年代に人間の生命に対する関心が高まり、嬰児遺棄・嬰児殺しというかつて家庭内の私的行為は、国家にとっての公共問題に変わった。単に嬰児の遺体が捨てられることによってもたらされる伝染病の蔓延を防ぐという公衆衛生の問題として対応されただけではなく、本テーマは国家の未来を担う生命の集合体としての「子供」の身体を保護することとして意味づけられ、嬰児死亡率の減少に向けた国家レベルの公共事業が成立するに至った。

　嬰児遺棄・嬰児殺しの問題の対応策として、国家は育嬰堂に対する管理を強化し、育嬰堂を近代的公共福祉施設として改造した。その過程のなかで、生命に対する保護に背くような行為や認識等は、社会の公益にまったく相容れない価値として排除されていった。その排除は、迷信活動や男尊女卑に象

徴される古い認識の克服に寄与したが、同時に、国家の求める科学的保育法に達しない民間レベルの嬰児保護活動が展開される空間の喪失をも意味し、嬰児保護事業をめぐる都市と農村との格差が顕著に表れた。

　民国期の慈善団体と国家との関係をみると、「国家的公共性」の強まりのなかで改造せざるをえなかった育嬰堂もあれば、自ら積極的に「国家的公共性」の構築に尽力した中華慈幼協会のような団体も存在し、一枚岩ではなかった。ただ全体的にみて、それらの活動にみられる「公共性」は、複数の価値や意見の間に生成する討議の空間ではなく、生命の集合体である「国民」的なものとして位置づけられたものであり、民衆に対する「教化」・「啓蒙」的な側面をもっていた。このように「教化」・「啓蒙」の側面が強かったことを、嬰児保護をめぐる慈善団体の「公共性」の第一の特徴として指摘することができる。

　嬰児保護をめぐる慈善団体の「公共性」のもう1つの特徴は、有力者個人が主導した点にある。ここで、有力者個人を「私」とみなせば、その「個」は明らかに、意見を交わすことを通して複数の価値観を容認し、国家権力に対抗する力をもつような西洋思想文脈のなかの「個」ではない。彼らのなかに、政治・経済界をリードする政治家や実業家もいれば、功利主義的打算に基づいて行動した者、キリスト教の人道主義に基づいて活動した知識人もおり、さらに複数の肩書き・顔をもつ者も少なくなかった。彼らは国家権力に対抗するどころか、むしろ最初から国家権力からのバックアップを望んでおり、それを獲得するために活動していた。その意味では、民国期の慈善団体は「公私混同」の側面を顕著に表していた。

　今日の中国社会を考えるときに、上記の2点の特徴からどのような示唆が得られるのか。今日の中国社会は、いうまでもなく1920〜30年代の民国期と比べて大きく変容した。社会に対する国家の浸透力がまだ不十分であった民国期に比べて、今日の中国社会は毛沢東時代を経ており、社会を掌握する国家的能力がまず高まった。また、民国期の中国と比べて、「迷信活動」といったものは、完全に消えたとはいえないが、かなり減少しているため、慈善団体がもつ「教化」・「啓蒙」的側面も弱まったといえるだろう。

　しかし他方で、清末から民国期にかけ、皇帝支配から近代国家権力による

支配へと支配の論理が変化したにもかかわらず、慈善活動は、「上」からの統治秩序の受容を前提とするという点において変化しなかった。また、慈善活動が有力者個人によって主導される傾向は、王朝中国から民国期まで変わらなかった。有力者個人に主導されたがゆえに、個人としての「私」が公権力のバックアップを得る必要上、国家の公権力と癒着し、「公私混同」の構造を生みやすくなる。このような「公私混同」の構造は、本日の中国社会にとっても容易に克服できるようなものではない。

　慈善活動は今後、活性化するだろう。しかし問題は、慈善団体がどれほど生まれたかという点ではなく、国家権力に対抗する自主性のある「公共領域」の育成につながるかどうかという点にあるように思われる。現状では、慈善活動を志向する有力者個人が公権力から自律的に距離を保ち、ひいては国家権力に対抗するような活動を展開すれば、それは即座に「国家的公共性」から排除されることを意味する。中国の慈善団体は依然として、このようなジレンマを抱えているのである。

1) 伝統中国社会の慈善団体に関する代表的な研究成果として、梁其姿と夫馬進の研究がある（梁、1997；夫馬、1997）。また、慈善団体に関する先行研究については、小浜正子と岩間一弘の研究論文を参照されたい（小浜、1999：31-38、2007：21-30；岩間、2000：65-90）。
2) 齋藤純一は主にアーレントとハーバーマスの理論を中心に公共性をめぐる整理を行った。アーレントが複数の価値を容認する自由な言説の空間として捉えるのに対し、ハーバーマスの関心は主に「私的自律」つまり政治権力からの自由にある。「公共性」に関するアーレントとハーバーマスの議論は着目点が異なるが、批判的公開性をもつものとして、国家の活動の恣意性を制御する機能が期待される（齋藤、2000：21-36）。
3) 19世紀末の漢口にある商人の自発的結社の性格をめぐって、市民社会の萌芽と主張するウイリアム・ロウの研究と、官僚主導の性格を主張するフレデリック・ウェイクマンの研究がある。また、フィリップ・ホアンが唱えた「第三領域論」もあり、1990年代以降公共領域の概念をめぐって活発な議論が行われた（Rowe, 1984; Wakeman, 1993; Huang, 1993）。
4) 嬰児保護をめぐる慈善活動は、キリスト教・カトリック教団体によるものも多かったが、嬰児保護組織に対する南京国民政府の管理の強化は、主に中国人が設立した団体を中心に行われたため、本章では中国社会から自生した慈善団体に絞って検討する。
5) 「施棺及掩埋」『上海市社会局業務報告』1930年第4-5期、247-248頁。また、普

善山荘は 1913 年に商人の龐竹書と王俊生によって結成された慈善団体である。結成当初、主に中国人居住地域の上海県・宝山県に限って活動したが、1920 年代以降、中国人居住地域のみならず、公共租界やフランス租界にも活動し、範囲が拡大した。

6) 上海では政府が主導して公共墓地を建設したのは、1928 年の南京国民政府以降のことであり、それ以前は、主に民間の慈善団体が自ら土地を購入して貧困層のための義塚を作っていた。
7) 嬰児死亡率とは 1 歳未満の嬰児死亡率を指し、死産の場合を含まない。嬰児を含めた人口の死亡率に関しては、候揚方の研究を参照されたい（候、2001）。
8) ただ、これらの禁止令の公布は必ずしも問題の解決につながらなかった。山本英史の研究によれば、1940 年代の江南地域においては女嬰殺しの問題が依然として盛んに行われていた（山本、2016：17-39）。
9) 「上海市厳禁殺害孩子与刃砍孩尸」『現代父母』1935 年第 3 巻第 1 期、81-82 頁。
10) 「父母因剪病孩手指与遺棄孩尸各被判処徒刑 2 年半」『現代父母』1937 年第 5 巻第 5 期、47 頁。
11) 雍正 2 年（1724 年）に善挙を行う民間人を援助しようという上諭が発せられて以降、育嬰堂がさらに発展し、上海県を管轄する松江府では、嘉慶 14 年（1809 年）に府下 7 県の紳士 18 名からの資金協力により、かつて興廃を繰り返した松江育嬰堂が再建された（夫馬、1997：274）。
12) 主管機関とは、慈善団体を主に管理する行政機関をさす。省政府の所在地にある場合は民政庁が主管機関であり、特別市の場合は特別市政府、県・市・郷鎮の場合は県・市政府が主管機関であった。
13) 新普育堂の設立者である陸伯鴻がカトリック教徒であり、同組織の運営もカトリック教会に関わっていたが、同組織は社会局の管轄下にあったため、検討対象として扱われた。
14) 育嬰堂が収容した嬰児のなかで、届けられた時点においてすでに病気を抱え、または衰弱したものが多い。また上海市社会局が病嬰の死亡率と全体の嬰児死亡率に分けて統計を行ったことは、病嬰と健康的な嬰児に対する育嬰堂内の保育的状況を把握しようとしたことを示している。
15) 「注意改善各地方育嬰事業」『貴州省政府公報』1931 年第 67 期、10-11 頁。
16) 「上海育嬰事業統計」『社会月刊』1929 年第 1 巻第 6 期、1-13 頁。
17) 同表は、1928 年 5 月に内政部が各地方救済院規則を公布して以降全国の育嬰施設に対する調査を実施した結果をまとめたものである。そのうち、不明と記された箇所はもともと空白となっている部分である。空白とされた理由については不詳である。
18) 「中華慈幼協会召開全国慈幼領袖会議」『中華医学雑誌』1934 年第 20 巻第 11 期、1427-1431 頁。
19) 「奉令関於挙弁全国慈幼事業経費」『内政公報』1935 年第 8 巻第 16 期、97-98 頁。
20) 同組織は「上海第一労働託児所」や「衛生試験所」などを設立し、上海の貧困層および一般市民に向けて託児サービスを提供し、乳母に対する身体検査も実施した。

1934 年、児童幸福委員会は中華慈幼協会と合併して以降、その支部として活動するようになった。
21) 戦争の勃発後、同組織は避難のため天津郊外から市内に移動し、民間人の家屋を借りて活動を続けたが、郊外にあった所有地は日本軍に占用され、1945 年以降は国民政府に占用され、公立病院と警察局の施設が建てられた。それに対して同組織は所有地の返還を政府に求めたものの、認められなかった（「長蘆育嬰堂被迫遷」『大公報』（天津）1948 年 2 月 2 日）。

参考文献
日本語
岩間一弘（2000）「中国救済婦孺会の活動と論理―民国期上海における民間実業家の社会論理」『史学雑誌』第 10 号、65-90 頁。
―――（2001）「民国期上海の女性誘拐と救済―近代慈善事業の公共性をめぐって」『社会経済史学』第 5 号、49-68 頁。
岸本美緒（1993）「比較国制史研究と中国社会像」『人民の歴史学』第 116 号。
小浜正子（1999）「最近の中国善堂史研究について―前近代中国の民間慈善団体をめぐって」『歴史学研究』第 721 号、31-38、64 頁。
―――（2000）『近代上海の公共性と国家』研文出版。
―――（2007）「中国史における慈善団体の系譜―明清から現代へ」『歴史学研究』第 833 号、21-30 頁。
齋藤純一（2000）『公共性』岩波書店。
鄭浩瀾（2015）「日中戦争期の中国における児童保育の展開」『アジア研究』第 3 号、38-52 頁。
天津地域史研究会（1999）『天津史―再生する都市のトポロジー』東方書店。
陶德民・姜克実・見城悌治・桐原健真編（2009）『東アジアにおける公益思想の変容―近世から近代へ』日本経済評論社。
日本上海史研究会編（2000）『上海―重層するネットワーク』汲古書院。
福士由紀（2010）『近代上海と公衆衛生―防疫の都市社会史』御茶の水書房。
夫馬進（1997）『中国善会善堂史研究』（東洋史研究叢刊 53）同朋社出版。
溝口雄三（1995）『中国の公と私』研文選書。
山本英史（2016）「近代中国と溺女問題」関根謙編『近代中国その表象と現実―女性・戦争・民俗文化』平凡社。
吉澤誠一郎（2000）「善堂と習藝所のあいだ―清末天津における社会救済事業の変遷」『アジア・アフリカ言語文化研究』第 59 号、57-88 頁。
―――（2002）『天津の近代―清末都市における政治文化と社会統合』名古屋大学出版会。

中国語

白華山（2009）『上海政商互動研究：1927-1937』上海：上海世紀出版有限股份公司・上海辞書出版社。

戴鞍鋼（1994）「近代上海与周囲農村」『史学月刊』第2期、48-55頁。

董智勇（2010）「経済発展与人口遷移的互動：以天津近代工業化為例」『社会学論壇』第7期、178-181頁。

方平（2007）『晩清上海的公共領域』上海：上海人民出版社。

傅寧（2006）「中国近代児童報刊的歴史考察」『新聞与伝播研究』第13巻第1期、2-9頁。

高邁（1935）「我国育嬰堂制度的演進」『申報月刊』第4巻第7号、174-177頁。

何孔蛟（2007）「従新普育堂看慈善組織与政府機構間的互動（1912-1937）」『中国鉱業大学学報（社会科学版）』第1期、111-116頁。

何小蓮（2007）「衝突与合作：1927-1930年上海公共衛生」『史林』第3期、122-128頁。

候揚方（2001）『中国人口史　第6巻（1910～1953）』上海：復旦大学出版社。

李新編（2011）『中華民国史・人物伝』（第1巻～第8巻）北京：中華書局。

李文海、夏明芳、黄興濤（2004）『民国時期社会調査叢編・社会保障巻』福州：福建省教育出版社。

李紫衡（1935）「中国育嬰保健会首都城北嬰児施診所概況」『新医薬』第3巻、85-90頁。

梁其姿（1997）『施善与教化：明清的慈善組織』台北：聯経出版。

馬敏（1995）『官商之間：社会劇変中的近代紳商』天津：天津人民出版社。

裘昔司著・孫川華等訳（2012）『晩清上海史』上海：上海社会科学出版社。

『上海民政志』編纂委員会（2000）『上海民政志』上海：上海社会科学院出版社。

『上海通志』編纂委員会（2005）『上海通志』（第九冊）上海：上海人民出版社。

王春霞、劉恵新（2009）『近代浙商与慈善公益事業研究：1840-1938』北京：中国社会科学出版社。

王先明（2005）「士紳構成要素的変異与郷村権力：以二十世紀三、四十年代晋西北、晋中為例」『近代史研究』第2期、245-283頁。

呉俊范（2009）「河道、風水、移民：近代上海城周聚落的解体与棚戸区的産生」『史林』第5期、51-61頁。

呉馨修・姚文楠ほか纂（1918）『上海県続志』第30巻第2冊（中国方志叢書、華中地方江蘇省第14号）。

呉澤霖・章復（1936）「上海的育嬰事業」『華年』第5巻第28期、523-525頁。

許淑賢（1937）「南京之育嬰事業」『婦女文化』第1巻第2期、187-190頁

張仁静修・銭崇威纂・金詠榴続纂（1934）『青浦県続志』第24巻第3冊（中国方志叢書、華中地方江蘇省第85号）。

朱英（1999）「戊戌時期民間慈善公益事業的発展」『江漢論壇』第11期、66-71頁。

周秋光（2010）『近代中国慈善論稿』北京：人民出版社。

中国育嬰保健会（1932）「中国育嬰保健会縁起」『婦女共鳴月刊』第2巻第9期、41-42

頁。
『大公報』(天津)
『大公報』(上海)
『申報』(上海)
『益世報』(天津)

英語

Huang, Philip C. C. (1993) "'Public Sphere'/'Civil Society' in China?: The Third Realm between State and Society," *Modern China*, 19-2, pp. 216-240.

King, Michelle (2014), *Between Birth and Death: Female Infanticide in Nineteenth-Century Ching*, Stanford: Standford University Press.

Li, Lillian M. (1991) "Life and Death in a Chinese Famine: Infanticide as a Demographic Consequence of the 1935 Yellow River Flood," in *Comparative Studies in Society and History*, 33-3, pp. 466-510.

Madsen, Richard (1993) "The Public Sphere, Civil Society, and Moral Community: A Research Agenda for Contemporary China Studies", *Modern China*, 19-2, pp. 183-198.

Rankin, Mary Backus (1986), *Elites Activism and Political Transformation in China: Zhejiang Province, 1865-1911*, Stanford: Stanford University Press.

Rowe, William T., (1984) *Hankow: Commerce and Society in a Chinese City, 1796-1889*, Stanford: Stanford University Press.

Shoppe, R. Keith (1982), *Chinese Elites and Political Change: Zhejiang Province in the Early Twentieth Century*, Cambridge, Mass: Harvard University Press.

Wakeman, Frederick, Jr., (1993) "The Civil Society and Public Sphere Debate," *Modern China*, 19-2, pp. 108-137.

第 3 章

都市とコモンズ
——都市公園の管理と利用

島田美和

はじめに

　近年、中国の広場や公園では、中年女性を中心に広場舞（guang chang wu）と呼ばれるさまざまなジャンルのダンスが流行している。しかし、そのダンスの音量は、近隣住民とのトラブルを生み社会問題ともなっている。潘（2014）は、こうした都市の公共空間における広場舞の拡大の背景に、広場や公園など近代的「公共空間」をめぐり、自立志向をもつ都市市民に対抗し、大衆を代表する中年女性「おばちゃん」と官との複雑な相互協力関係があることを指摘する[1]。確かに、現代中国の「公共空間」をめぐる複雑な権力構造を分析するには、序論で示したように、官と民との重層的権力のあり方や「公共空間」の多層性への視座が必要となろう。そこで本章では、現代中国の「公共空間」をめぐる国家権力と公共性の関係について、北京の近代都市公園の成立と運営を例として、歴史的視角から検討したい。

　都市公園とは、近代都市計画の下、都市という密集空間において憩いの場や衛生的見地から生み出された（石川幹子、2005：87）。そうした理念は現代中国にも受け継がれ、北京市都市条例では公園を以下のように定めている。

　　本条例における公園とは、緑地庭園の環境や比較的整った設備を有し、生態保全、街の美化、見学や観賞、休憩や娯楽および防災や避難場所の役割を担い、さらに公衆に開かれた場所を指す。そこには総合公園、専門公

園（児童公園、歴史庭園、植物園など）、社区公園などが含まれる（北京市公園管理中心・北京市公園緑地協会編、2011：60）。

　ここには、北京の公園が都市の自然環境としての役割を担い、また娯楽や防災の場所として公衆に開かれた空間であることが明記されている[2]。そこでまずは都市公園と公共性との関わりについて整理したい。序論での国家と社会に関する研究潮流は、中国近現代史における北京の「公共空間」や都市公園に関する研究へも影響を与えた[3]。北京地域社会の自律性については、Strand（2000）が、民初北京の警察や政党、商会や工会など新しい組織と北京の市民組織との関係を「公共空間」の拡大とし、ロウ（Rowe, 1984）の視点を継承する。シ（Shi, 1995）は北京政府期における中央公園など都市公園の成立と「公共空間」の創出の背景に国家と現地地域社会エリートとの協力の側面があったことを重視し、ホアン（Huang, 1993）の第三領域論と親和性をもつ議論を展開している。それに対し林（2014）は、ハーバーマス（1994）の「文芸的公共圏」の議論に近く、知識人たちによる中央公園内の図書館や茶館でのさまざまな文化活動から北京の都市公園を「文学公共領域」として、民国期の北京に新しく興った公共文化空間と位置づけている[4]。無論、このような議論ばかりでなく、黄（2005）、田中（2010）は、19世紀における地元主導の公共的事業や清末の立憲制の試みおよび地方自治制度について分析し、民初における地域社会の自律性の萌芽の背景を実証的に明らかにした。

　次に都市公園と公共性を分析する際に重要であるのが、「コモンズ」としての公園という視角である[5]。秋道（2004）によれば、公園は社会一般や国家によって共有される場ないしは資源であり、これらは、公益性と公共性を特徴とすることから「パブリック・コモンズ」とみなされる。公園の場合は、地区の公園から国立公園まで、管理責任者が地方自治体や国であるが、個人による占有や所有ができず、誰もが利用できる場だからである。その際、注意すべきことは、利用に関するルールの問題である。そこでは、公共性に対する意識や考え方は一定ではなく、公共性の適用範囲は地域の条件に左右されることがある（秋道、2004：17-19）[6]。

加えて高村（2012：55-56）は、都市公園を地域住民により利用・管理される財とする視点から「ローカル・コモンズ」とも位置づけている。さらに利用に関するルールや禁止事項など維持管理機能の側面だけでなく、イベントの開催など運営管理機能の発揮の側面はコミュニティのニーズに応えることから、コミュニティに公園を共有財産として認識させる役割があるとも指摘する（高村、2010：109-111）[7]。

　本章ではこれまでの公共性と都市公園に関わる議論に加え、「コモンズ」としての公園という視角を取り入れ、中国の都市公園と公共性を歴史的に検討するために以下の3つの課題を明らかにする。第一に、都市計画における公園形成過程と日本の影響、第二に、公園の管轄権をめぐる国家と社会のあり方、第三に、維持管理機能と運営管理機能による共有財産としての公園認識、である。具体的には、北京政府期と南京国民政府期、そして日本統治期における北京の統治主体の変容と地域社会との関係性に注意を払いつつ、各時期における都市公園をめぐる国家権力と社会との関係について分析し、現代中国に通底する「公共空間」の特徴について明らかにしたい。

I　北京政府期における都市公園の成立

　19世紀の欧米における近代都市公園の成立について、その典型例はイギリスとドイツであった。英語の「park」とは、元来王室や貴族が所有する狩猟用の広大な土地を指した。18世紀中葉から啓蒙思想の影響を受け、そうした貴族が所有していた私有地の庭園の一部が領民に公開されるようになった（石川幹子、2005：88）。公園を「誰もが利用できるように都市自治体が設置した庭園公園」と定義すると、その設置はイギリスよりもドイツの方が先であった[8]。ドイツは、領邦国家から統一国家を形成し、その国民創出のために公園を啓蒙・教育の施設として各地に設立した。また公園設置を重要な都市政策であるとして熱心に推進したのは、都市の中・上流階級や都市のブルジョアジーであった（白幡、1995：6-8）。他方、イギリスの都市公園は、産業革命後の都市問題による都市衛生・環境問題の一つの解決策として、都市自治体の影響力増大や労働者階級のレクレーション問題への対応から造成

が推進された。明治期の日本は、都市公園をドイツのように啓蒙・教育施設として位置づけ日比谷公園を設置した。大正期の後半から昭和前期にかけては公園での国民体力向上のための厚生行政が行われるなど、日本の公園行政はドイツの影響を受けていた（申、2003：100、111）。

　北京での都市の「近代」的改造は、すでに義和団事件以降の清末から清朝政府や中華民国政府により始まっていた。とりわけ図書館、博物館、公園など文化施設が数多く建設され、北京は文化「近代」都市として変貌を遂げた（川島、2002：149、153）[9]。最初の公園として設立されたのは、清朝時代に皇帝が土地と五穀の神を祭った社稷壇を公園として開放した中央公園である。1913年、当時交通総長であった朱啓鈐が社稷壇を視察し公園にすることを望み、翌1914年に内務総長と北京の地方行政を担う京都市政公所（以後「市政公所」と略す）督弁を兼任したことから、「社稷壇を公園にする議」を実行に移した（戴、2005：46）。加えて、市政公所には欧米や中国で近代的教育を受けた者が多く、近代的な都市管理の実施が志向された。その広報誌である『市政通告』では欧米の都市計画が紹介され、北京市民の啓蒙が試みられた（Shi, 1995: 231）。

　まず、そこでは都市行政における公園の設置に関して、「ガス、電車、電気等の供給も、道路、公園、図書館、下水、警察、教育等のことわりと同一の動機から起こったものだ。即ち共に市民全体の利益ということを主眼としている」とし、都市公共事業の公益性が説明され、そのなかに公園の設置が位置づけられた（スウザァス、1909：15、19）[10]。次に、公園設置の必要性については、欧米では公園を人々の休息の場として、娯楽を心身の健康に利するものとして位置づけられるのに対して、中国ではこれまで娯楽を楽しみの追求とされていたことから、こうした「旧社会を改良し、不健康な病を根本的に改善する目的から公園を設立する」と述べられている[11]。後に、朱啓鈐は「行健会」という民間の体育団体を中央公園に設置し、会員は球技などの体育活動も行った（戴、2005：47）。

　公園観については、日本の安部磯雄が1908年に執筆した『応用市政論』の第8章「公園」（安部、1908：223-242）が「公園論」と翻訳され紹介されている[12]。安部は「大都会に於ける人口の密度いよいよ増加すれば公園の

必要は益感せられるのである」と東京での子供の遊び場が少ないことや、欧米では労働者の休憩場所となることなどを例にあげ、公園や児童公園の設置を提起している（安部、1908：223-224、229）13)。ここには、都市環境の改善を目的として公園の増設を主張する安部の社会主義者としての側面がみられる（丸山、1983：50）。さらに着目すべきは、安部が公園設計費と維持費の調達方法としてパリやベルリンの公園経営を例として紹介している点である。そこでは、設置に関しては公園の土地の一部を売却し公園設計の資金とすること、維持費に関してはベルリン市の公園を例に森林の一部を伐採し木材として売却したり、喫茶店や料理店に土地を貸与して得る地代や、湖水があれば貸ボート業や、広告掲示所を設置し広告料を得るなどの方法を提示している（安部、1908：226-227）14)。資金不足の市政公所は、経済的に自立した公園運営を学ぶ必要があったと推察される。

　中央公園の設立資金は、1914年6月に市政公所が「中央公園管理局」を設けるものの、法人や個人の寄付が中心となり北京政府や市政公所から全額提供されなかった。北京の居住民もしくは北京に駐在している個人が毎年大洋銀元50元、法人が500元以上寄付することで、中央公園管理局董事会の董事として管理運営に携わることになった。1914年12月までに集められた当初の寄付では、法人として北京政府の陸軍部、海軍部、内務部、財政部、外交部、交通部（各1000元）、個人として黎元洪副大総統（1000元）、各部総長である段祺瑞、孫宝琦、陸徴祥（200元）、顧維鈞（500元）など北京政府に関連する人物が寄付を行った。さらには、北京に関わる政財界や実業界の多くの「名流」が寄付し、内政部総長であり市政公所督弁であった朱啓鈐は1000元寄付し中央公園董事会の董事長となった（「中央公園捐欵第一次報告」『民国文献類編文化芸術巻889』：3-6）。こうして中央公園は、市政公所の監督の下、個人と法人の寄付金からなる非政府組織である中央公園管理局董事会によって管理経営されることになり、1914年10月に北京で初めての都市公園として民衆に開放された（Shi, 1995：235）。1935年の『申報』のコラムでは1920年代の北京の中央公園を想起し、「十数年前、私は北平で多くの人が太極拳を行っているのを見た。春夏両季節の早朝に中央公園はまるで体育場に変わり至る所で太極拳が行われていた」（楊余声「太極拳」『申報』1935年9

月27日14版専欄）と、1920年代の中央公園での民衆の活動の様子が語られている。

　さらに市政公所は「市公園の増設」を提唱し、「公園の設置は市民の精神と身体ともに密接な関係があり」と述べ、中央公園だけでは足りず、特に外城の市民にも公園が必要であることを説き、先農壇を公園として公開することを論じている（『市政通告』1915年第18期：89-92）。これを受け1915年6月17日、先農壇公園は市民に公開された（『市政通告』1915年第19期：74-76）。加えて、1925年北海公園や京兆公園（後の地壇公園）も公開され、都市公園が増設された（Shi, 1995: 236）。また北海公園は中央公園と同じく董事会形式で管理経営がなされることになった。

　このように市政公所の公園観では、西洋近代的な娯楽、休息、健康増進などを実践する場として公園の設置が試みられた。そこには、もちろん近代的国家建設を目指す北京政府が企図する国民形成の場としての役割も求められたであろう。また他方で、そこでは公園設置による社会問題の解決や公園の維持運営面における日本の観点にも着目していた。しかし、市政公所がこうした都市の近代化を図る反面、公園建築に欧化を求めなかった理由は、単なる経費不足だけでなく、董事長である朱啓鈐の古跡保存の意図が影響していよう。この後、朱啓鈐は1929年に中国の伝統的な建築技術の振興と保存を目的として研究活動を行う中国営造学社の社長に就任している。中央公園や北海公園の管理経営体制は、官の財政により設置された公園とは異なり、政治家や政府機関が含まれるものの、個人や法人の寄付によって構成されたことから、北京地域社会による公園の管轄意識を醸成させるきっかけとなった。

II　公園の管轄権をめぐる中央、地方、地域社会

1　華南圭の水利計画と公園

　1928年6月、国民政府の北伐により首都が南京へと移転し、北京は国民政府の直轄市となり北平特別市と改名された。しかし北伐後、北平に実質的な影響力をもっていたのは山西を地盤とする地方軍事勢力の閻錫山であった。

すなわちこの時期の北平をめぐる政治状況は、国民政府の下に国家が統一されたものの、後の中原大戦につながる南京の中央政府と華北の地方軍事勢力たちが対峙する不安定な政治情勢のなかにあった。また、北平は国家の首都としての政治的中心の地位を奪われ、華北の一地方都市として新たな地方自治を模索しなければならなかった。そうしたなか、国民政府がかつての国家機関である総統府と国務院を接収するにあたり、国民政府と北平特別市の間で中南海の管轄権をめぐる問題が浮上した。これは「地方」としての北平が直面した中央と地方の問題の一つであった。

　北京政府期では、北海、中海、南海の三海のうち公園として公開されていたのは北海のみであった。中南海は、辛亥革命後に袁世凱によって中華民国総統府が置かれ新華宮へと改名され、袁世凱の後も黎元洪や曹錕の総統府として、張作霖の時代には大元帥府と呼ばれ使用されていた（「中南海公園史料」2000：68）。中南海の帰属が問題となった際、まずはじめに北平特別市への帰属を訴えたのが、当時の北平特別市工務局局長（1928年7月～1929年9月）華南圭であった。華南圭は1903年パリ公共事業学院（Ecole Spéciale des Travaux Publics）で土木工学を学んだ土木技術者であり、中華工程士学会副会長を務める技術官僚であった。北京政府期においても華南圭は、朱啓鈐とともに中央公園設立に関わり中央公園の董事を務めていた（王軍、2003：61-62[15]）。

　1928年8月6日、華南圭は北平特別市市長何其鞏に中南海の保護を求めた（「中南海公園史料」2000、1：69）。これを受け、8月10日、何其鞏は国民政府に中南海の処理について「最近聞くところによると、この地は汚く踏みにじられ、古物を保管する場所ではないようです。この地はまだわが市の管轄に帰属しておらず保護が難しいので、どのように保存すべきかご教示ください」と尋ねた（「中南海公園史料」2000、1：69-70）。それに対し、8月7日、国民政府の機関である北平総統府国務院接収弁公処から北平特別市政府へ「三海および中山公園は北平特別市政府により管理すべきである。どのように保存し公開するかについては、周（震鱗）委員と相談し市政府が方策を講じるように」と返答がなされた。しかし、9月10日、国民政府から北平の三海は中央の管理に帰属すべき、と北平特別市に伝達され、依然として中南

海の管轄権は国民政府へ帰属した状態であった（「中南海公園史料」2000、1：74）。

　中南海の保護を訴えた華南圭の都市計画における公園の位置づけとはどのようなものであったのか。1928年9月、華南圭は「北平特別市工務局組織成立宣言」において工務局の果たす役割について以下の7項目をあげている。①古跡の大規模修繕、②全市において塵をなくし車道と歩道を造る、③全市に必要な水量を確保する、④大小の暗渠を設置する、⑤電力を拡充する、⑥航行のために水門を設置する、⑦市民のために娯楽場を作る、である（華、1928a：6）。さらに華南圭は北平の北海や景山などの古跡の保存を訴え、北京における都市公園について京兆公園を例にその設置構想を説明している。

　　現在（筆者注：京兆公園の）設備の多くが損壊しているので急ぎ修繕し、市民が休日に庭園に入るとのびのびと楽しい気分になってもらいたい。そのためには、まず公園を数年前の姿に復旧し、イバラを取り除き、運動場と世界園を修繕する。次に、空き地に船着き場とプールを設置すれば、市民はぶらぶら漕いだり泳いだりし、公園の周りに丸い砂道を設置し良馬を飼育すれば、市民は馬術を練習するだろう。電車が公園の門の前まで直接来ていれば、公園に遊びに来た人の時間と交通費を節約できる。修築後は、パリのブローニュの森ほど美しくはないかもしれないが、中国のブローニュの森といっても過言ではなく、また古い建築物を擁していることから、世界の名勝といってもよいだろう（華、1928a：8）。

また、中南海付近についても都市景観の観点から以下のように述べている。

　　旧総統府前の堀や塀と平屋は、雄壮な古い建築物の前にあるが、中国のものでも西洋のものでもない醜いものが混じっている。たとえば、西施の容貌に道化のおしろいを塗っているようなもので、本当に天下の笑いものであり、すぐにすべて撤去すべきである（華、1928a：8）。

このような華南圭の都市計画と都市公園計画は、華南圭がフランスに留学

していたことも影響し、運動場やプールの設置、緑地利用などフランスの公園をモデルとし、積極的に推進する意向がうかがわれる。しかし、華南圭は古跡の保存を重視することから、ここでも完全に欧化した公園像を描いているわけではない。それは華南圭が1930年から1937年まで朱啓鈐の中国営造社の社員となり、北平における古跡保存を重視していたことも関連があろう（王軍、2003：61-62）。

華南圭がもう一つ重視していたものに北平の水利がある。主に北平郊外の水源を調査し、永定河を修築し、玉泉水系を整理する計画を発表するなど、都市計画における水利事業の重要性を提起した（孫、2011：109）。1928年に発表された「北京の水路」において、「すべての都市は、水があってこそ活気があり、水がなければ干からびる」と、都市水利事業の必要性を訴えた。特に北平については「燕城に活気をもたせ干からびないようにすることが重要な問題である。この問題は解決するのに難しくなく、澤と泉と河の3つを合わせて修築すればよいのである」と北平の水路をまとめ北平の水利問題の解決策を提示した。華南圭は、北平の土木水利事業において、それぞれ代表的な澤（望海楼と蓮花池）、泉（玉泉）、河（永定河）に着目した（華、1928b：10）。

そのうち、華南圭が局長を務める北平特別市工務局は、玉泉源流の状況とその修築について「北平工務局玉泉源流及整理大綱計画書」を作成し、市の土木水利事業計画を提示した。そこでは、北京最大の泉である玉泉源流について、その7本の支流やそれぞれを郊外の水田に流れるものと、城内に流れるものとに分類し整理を行った。このうち、中南海や北海を通る支流は、護城河と城内水路であるとするが、その水量が下流の護城河で渇水となることを問題視する（北平特別市工務局、1928：1-7）。すなわち、多くの支流が存在することが問題であり、その対策を以下のように述べる。

　城北護城河は、松林水門から支流を城内に入れ、<u>什利海を通り三海に集める</u>。城西護城河は西便門水門を通り支流は東に流し、前三門護城河に入れる。<u>支流の方向が多いため、高梁橋より西から来た水は、基本的にすべて三海に注入し</u>、その他の支流は閉じておく。什利海の用水は、二次的に

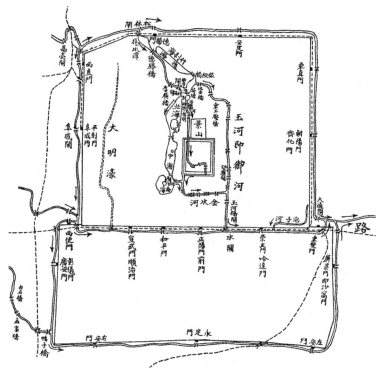

図1　北京旧城地区の水路図
出典：華（1928b）。

用いるものとする。城西の支流は、前三門護城河を洗うときのみ用い、上流で水が多くなったとき、水門を開けて洗うことで終わらせる（北平特別市工務局、1928：4-7。下線は筆者による）。

このように、華南圭は北平の河川管理において中南海を含む三海を護城河の水路の一部として重視していた。中南海の公園化は、古跡の保存や緑地確保の目的だけでなく、北平においては重要な水資源の確保にも結びつく計画であった。技術官僚である華南圭のこうした提案からは、首都が南京へ移り、北京が北平という地方都市として再出発するために地元住民に利する都市事業の推進と北平市の積極的な地方自治の特徴がみられよう。しかし、中南海帰属問題には、中央と地方の関係から地方政府としての北平特別市の公共事

業の展開の限界が依然として存在していた。

2 中南海公園の設置と経営

　1928年8月10日、中央公園は中山公園と改名され、中山公園董事会が引き続き公園経営を行うことになった。だが、その管理運営は市政府が派遣する2名を含め新たに設立された委員会により担われることになった（『民国文献類編　文化芸術巻　889』: 109-111）。他方中南海は、華南圭が北平特別市政府の管轄を主張するも、中央政府である国民政府の管轄下に置かれたままであった。このような状況に対し、同年12月国民政府による中南海の管理について北平の地域社会から2つの要望が出された。第一には、北平市市民代表と称する章子宜ら4名および他数十名の人物が、中南海の管理所所長駱斌の汚職を摘発し、管理所を解散させるよう国民政府に対して請願したものである（「北平中南海開放観光」『国民政府档案』001-051920-001051m-1052X）。第二には、中山公園や北海公園と同じく中南海を北平の地域社会を代表する政財界の人物から構成される董事会によって管理・運営を行うという要求である（「中南海公園史料」2000、1：75）。

　まず、第一の駱斌の汚職に対する地域社会の反応についてみてみよう。1928年10月、国民政府は中南海の公開に向けて、南京国民政府留平副官の駱斌を北平中南海暫行公開臨時管理所所長に任命し中南海接収時の物品などの残務処理と管理に当たらせていた（「北平中南海開放観光」『国民政府档案』001-051920-001010m）。しかし、同年12月、北平市市民代表と称する章子宜、李桂生、志浩、楊宗景の4名から、駱斌が国民政府の名の下に、中南海で物品の不正売買や営業活動を行い私腹を肥やしている、と摘発する文書が国民政府へ提出された（「北平中南海開放観光」『国民政府档案』001-051920-001051m-1052X）。また。この汚職については、翌年1929年1月8日の『華北日報』でも報じられ、そこでは章子宜以外に顧学沅等32人も同内容で駱斌を告発していることが書かれている（「市民條呈駱斌罪状」『華北日報』1929年1月8日、「本市新聞」第6版）[16]。

　12月18日、これら北平地域社会から提起された数件の告発を受け、南京国民政府中央執行委員会政治会議では駱斌の汚職を認め、すぐに北平特別市

政府へ公安局による中南海接収の援助を求めた(「中南海公園史料」2000、1：77)。これを受け、12月25日、中央政治会議北平臨時分会は、中南海を北平市民共通の憩いの公園として市民に公開し入場を無料とすること、河北省政府と北平特別市政府の共同管理とすることを決め、その旨を北平特別市に伝えた(「中南海公園史料」2000、1：81)。こうした北平地域社会からの駱斌の汚職の摘発とその新聞報道は、南京国民政府に中南海の管理の放棄を迫り、その管轄権を北平特別市と河北省に譲渡させる契機となった。そしてこれをきっかけとして中南海は公園として開放されることになったのである。

次に、中南海の管理体制と中南海董事会の成立についてみてみる。同年12月13日、北平地域社会の民意を代表すると称する人々が、中南海を直接管理するため中南海董事会の準備会を設立し、董事会による中南海の管理を北平特別市へ要求した。その理由は、中南海が清朝の庭園の一部であり国内有数の建築物であること、その費用は先祖がねん出したものであること、民国成立後には軍閥が保有し、また北伐成功後も庭園が市民のものではなく、荒廃していく様子をみるのが辛いことがあげられ、「中南海は市民が直接管理すべきであり、悪の根源を断ち遊覧客に観賞させる」というものであった(「中南海公園史料」2000、1：75)。

このような要求が出された背景には、中央公園が中山公園へと改名後も董事による公園管理が継続されたことがあろう。1928年9月、中山公園は董事会の制度が存続されるも、市政府の指揮と監督を受け、運営管理を担当する委員会の設置が定められた。委員会メンバーは、2名の市政府関係者と30名の董事会から推薦された者で構成された。すなわち、実質的には董事会による公園運営が継続されたといえよう。また同時期に北海公園も同様の管理体制を採用している(『民国文献類編　文化芸術巻　889』2015：109、332)。

こうした中南海董事会の成立を後押ししたのが、市政府工務局局長の華南圭ら中南海公園を運営管理する担当者らであった。駱斌の汚職事件後、南京国民政府から中南海の管轄権を受け継いだ市政府は、工務局を中心として1928年元旦3日間の市民開放を行ったが、管理費不足を認識するに至った(「中南海公園史料」2000、1：85)。そこで1月12日、北平特別市の公安局局長趙以広、工務局局長華南圭、公用局局長李光漢が、中山、北海両公園を例

として董事会を組織し、公園管理を任せた方がより公園の発展性があることを何市長に進言した。その理由としては、中南海公園が北平特別市に位置し、中山、北海両公園と性格が同様であること、そして中山、北海両公園と同様に中南海公園も管轄権はすでに北平市に属していることから同じ部門で処理した方がよいことがあげられた（「中南海公園史料」2000、1：83-84）。

この流れを受け、1929年1月28日、中央政治会議北平臨時分会はを市政府に対し、河北省政府と相談し、中山公園と北海公園を例として董事会を組織し管理を行うこと、また董事会を市政府が監督することを命じた。何市長はこの指針を工務局の華南圭に伝え、河北省との調整を行った（「中南海公園史料」2000、1：89-91）。そして3月17日、工務局、公安局、公用局は、中山公園と北海公園にならい、中南海董事会章程と委員会章程を作成し北平特別市市長に提出した（「中南海公園史料」2000、1：93）。中南海公園は、市政府の指導監督の下、委員会と董事会によって管理運営されることになった。4月19日、中南海董事会の成立大会が開催され、董事66人、管理運営を行う委員15人（地方人士10人、機関所属5人）が発表された（「中南海公園史料」2000、1：95-97）。委員会のメンバー（李広漢のみ董事ではない）と董事66人のうち経歴の特定できる人名を表1にまとめた。

この表1から中南海董事会のメンバーの特徴をみたい。まず第一に、当時の北平政治を反映して、北平特別市政府や河北省政府など地方政府に関わる者に、閻錫山の山西派である晋系の政治家が多く名を連ねていることである。これは、後に勃発する中原大戦にみられるように、北平地域社会をめぐる華北の地方軍事勢力と南京国民政府の蒋介石との対立関係を如実に表している。第二に、山西系の人物以外の董事の多くは、かつての北京政府関係者や北平の地域社会に関わる財界、実業界の人物が多く占めており、中山公園や北海公園との董事の重複もみられる。董事会では北京政府期における北平地域社会の人物の影響力が維持されていたことがわかる。第三に、管理運営を担う委員会メンバーにも、中山公園と北海公園での董事との重複がみられ、中山公園、北海公園、中南海公園の管理経営の担い手の共通性が確認できる。また、ここでは、北平の地域社会を代表する財界人や北京政府関連の人物、市政府から派遣された晋系の人物がおり、市政府と董事会の共同管理、運営となっ

表1　中南海公園董事会董事表

委員会メンバー	主席委員：**熊希齢（中）**（北京政府期、中華慈善団体全国連合会臨時正主任、1929年国民政府賑為賑務委員会）委員：**王士珍（前中）**（1928年京師治安維持会会長）、張継（北平政治分会主席）、**呉鼎昌（中）**（1916年中国銀行総裁）、周作民（1918年京師総商会会長、1928年臨時治安維持会会長）、談荔孫（北京政府期、北京中国銀行行長）、**呉炳湘**（1924年京師警察総監）、陳籙（北京政府期、外交部大使歴任、1938年中華民国維新政府外交部部長）、饒孟任（北京政府期、国立北京苑法政専門学校校長等歴任）、苑又生、張蔭梧（1929年6月北平市市長、公安局長、山西派）、孫奐崙（1928年河北省政府委員、山西派）、温寿泉（河北省、山西派）、趙以寛（公安局局長）、李広漢（公用局局長）
北平特別市政府関係者	趙正平（社会局局長）、**華南圭（中）**（工務局局長）、黄子芳（衛生局局長）、舒双全（財政局局長）、李泰棻（北平特別市教育局局長）沈家彝（北平特別市秘書長）、何其鞏（北平特別市市長）
山西派、河北省政府関係者	商震（1928年河北省主席、山西派）、李鴻文（河北省政府委員、山西派）、徐永昌（1929年河北省主席）、厳智怡（河北省政府委員兼教育庁庁長）、韓復渠（河北省政府委員）、丁春膏（河北省政府委員）、呂咸（河北省政府委員）
対日協力政権への参与者	江朝宗（1937年7月北平治安維持会会長、12月中華民国臨時政府議政委員会委員、北平特別市市長、1940年3月汪兆銘政権華北政務委員会委員）**呉承湜**（南京国民政府期、北平特別市秘書長、日本統治期、北京特別市公署秘書長、北京特別市公署財政局局長代理）、**盧学溥（北）**（実業家、北京政府期、交通銀行董事長、中国銀行董事、1942年汪政権中国銀行監察人）
北京政府関係者	**唐伯文（北）**（北京政府期、外交部参事）、**顔恵慶（北）**、（1926年3月外交部総長、5月国務総理、6月離職後、天津にて社会事業に従事）、**馮耿光（北）**（1918年、中国銀行総裁、28年中国銀行常務董事）沈尹黙（1928年10月国民政府教育部大学委員会北平分会委員）、李鳴鐘（1926年京師警備総司令代理兼警察総監）、陶履謙（北京政府期、外交部、財政部、内政部職を歴任、1927年国民政府外交部参事）、孫縄武（1917年全国信教自由会回教代表、1928年北平市政府参事兼自来水公司監理官）、胡惟徳（清末、出使俄国大臣、北京政府期、外交総長、国務院総代理代行等）
南京国民政府関係者	何成濬（北平行営主任）、劉鎮華（東北政務委員会委員）、方振武（1929年3月国民党中央執行委員）

注：太字は中山公園と北海公園（北京政府期）双方の董事、もしくは委員会委員、委員候補。北海公園のみは（北）、中山公園のみは（中）、1928年以前に董事であった場合は（前中）と記している。
出典：「中南海公園史料」2000、1：95-97、『民国文献類編　文化芸術巻　889』2015：87-192、308-309；『民国人物大辞典』2007：9、61、229-230、401、546、565-566、665、738-739、748、632-633、908、993、1320、1378、1515、1531、1555、1694-1695、2026、2053、2075、2395、2540、2529、2610、2659、2750、2802、2832；『民国職官年表』1995：445、854、991、1288、1299、1387より筆者作成。

ていた。第四に、北平の地域社会を代表する董事のなかには、この後の日中戦争期に北平の対日協力政権に参与していた人物がみられる。日本の植民地行政下で北京政府期からの北平地域社会の連続性がみられることも興味深い。

　このような特徴から、中南海公園は市政府や華北の軍事勢力者である閻の晋系、そして北京政府期からの連続性をもつ北平の地域社会の人物によって重層的に管理運営された。政府転換期における中南海の帰属回復運動には、北平地域社会の人々にとって中南海が共有財産として認識されていたことがよく表れていよう。もちろんかつての政治の中心地であった中南海が政治的シンボルとして考えられていたことも想定される。しかし、北京政府期の中央公園や北海公園など北平地域社会による経営と管理意識が、共有財産としての中南海公園という認識を醸成させたのであろう。ここにこそ、北京政府期より形成された北平地域社会における「公共空間」の萌芽が看取できよう。

Ⅲ　公園の管理と利用

1　南京国民政府期の都市公園管理と利用

　中原大戦が終わり北平での晋系勢力は一掃され、1931年4月に北平は周大文を市長として北平特別市から北平市へと改名された。中山公園と北海公園ではともに董事会が存続され、委員会によって管理運営がなされていた。両委員会の管理部門には、市政府参事であり、かつて北京政府期から南京国民政府初期まで中山（中央）公園、北海公園、中南海公園の董事を務めた呉承湜が在籍していた（表1参照。『民国文献類編　文化芸術巻　889』2015：191-196、310）。呉承湜は、北京政府期に市政公所の所長を務め、1928年12月10日の北平特別市自治討論会においても常任委員に選出されるなど北平市の自治に積極的に携わってきた人物である（『民国文献類編　文化芸術巻　890』2015：70、「本市自治討論会昨開大会」『益世報』1929年12月11日、「社会新聞」第7版）。ここには、中山公園と北海公園そして中南海公園の管理運営主体の共通性が見出せる。それを踏まえ、次に中山公園の公園規則から、中山公園、北海公園、中南海公園において北平市民に示された公園利用の基本的なルールをみてみる。ここには、近代的公園という「公共空間」内に参加

する人々が求められる規範の基準と禁止事項が述べられている。

1932年9月における「中山公園遊覧規則」では主に以下の点が示されている。

1条　開園時間は朝の6時から夜の10時までであり、夏は夜12時までに延長される。
2条　入口の外で下車し入口で購入した入場券を検札所でみせること、また10歳以下の子供が保護者をともなっていない場合は入園できない。
3条　馬や乗り物に乗って入場できない。
4条　公園内の草花や樹木を折ってはならない。園内の動物をみだりに追いかけたり、金魚を威嚇してはならない。
5条　公園内では自由に散歩してもよいが、柵を越えてはならない。
6条　危険物を持って入園してはならない。ごみを園内に捨ててはならない。
7条　公園には男女トイレが設置してあり、トイレ以外で排泄をしてはいけない。
8条　公園は公共の娯楽や休息の場所であるので、胸や臀部をさらけ出したり、寝てはいけない。
9条　もし児童が4条と8条に反した場合、その責任はその家族もしくは乳母が負う。
10条　犬を連れて入園する際は引き綱を用いなければならない。

である（『民国文献類編　文化芸術巻　889』2015：103)[17]。

　1条と2条は、入園に関する規定、3条から7条は公園の管理維持に関する規定、8条と10条は他の入園者との関係性における規定、9条は罰則規定である。これらは日常的なマナーに関する事項ではあるが、規則として示されていることから、1930年代の北平では必ずしも遵守されていたとはいえなかったのだろう。すなわち、ここでは公園利用規則の設置により、人々に公園内における振るまいの基準が示されたともいえよう。加えて、公園利用

の規則を定めることは、公園内での違反者のマナーに公園の管理者もしくは他の遊覧客も注意がしやすく、公園内での秩序形成に有益であることも指摘できよう。

　次に、こうした規則に表れる公園の維持管理活動を支えるのが運営管理機能である。中山公園ではすでに「中山公園無料遊園弁法」が制定され、「本園は公益扶助の見地から、学校および公益団体が中山公園に来園する場合は、無料遊園の優待を与える。ただし、学校は春夏両季節で1回とし、その他の団体には毎年1回のみとする」とし、教育機関への無料公開を始めていた。また、1931年8月には、董事会によりテニス場が建設され、その他の来園者も利用できるようにし、市民への娯楽場として提供された（『民国文献類編　文化芸術巻　889』2015：61、171）。

　北海公園では、すでに1926年に来園者への公共体育場が開放され、児童体育場の設置も定められている。また、当初董事専用であった北海での個人所有ボートの利用は、1926年には一般にもその所有が開放された。その後、1935年には、北海での釣りやボート遊び、冬期にはスケートなどが来園者すべてに娯楽として提供されている（『民国文献類編　文化芸術巻　889』2015：292、293、317）。スケートについては、1929年1月27日仮装スケート大会が開催され、スケート場利用のチケットは300枚売れ、観客は2000人を下らなかった。50人の仮装スケート客がおり、なかには欧米の軍人も10名ほど参加していたと報じられた（『華北日報』1929年1月28日、第6版「本市新聞」）。このように中山公園や北海公園は、一部富裕層の娯楽の場としてだけでなく、次第に教育や体育活動の場として運営管理されることで、多様なニーズに応えた共有財産として北平の人々に認識されるようになった。

　一方、中南海公園の董事会による管理は難航を極めていた。荒廃した中南海公園をみかねた北平市政府は、1931年5月16日、「中南海公園整理臨時委員会組織簡章」を発布し市政府職員による委員会を設立し、直接管理体制を定めた。委員会は当面の整理事項について、1931年5月22日から8月31日までの間に以下の7点を取り上げた。①園内の建物の回収、②財務整理と賃貸料の取り立て、③家具物品の調査、④入場券の整理、⑤園務管理の改良、⑥規則の改定、⑦修繕と改築、である。その後、中南海公園は上記の整理事

項に沿って、公園の自立的運営を目指した。たとえば、公園内の家屋の部屋を、北平実業博覧会準備委員会や書画展覧会など各種団体の大会や展覧会開催のために有料で貸し出すなどである（「中南海公園史料：続補」2004、3：177-179、192、209）。

他方、中南海公園の運営管理についても積極的に提言された。委員の呉承湜は、1931年8月1日に中山公園にならい中南海公園無料遊園方案を提案し、成立させた（『民国文献類編　文化芸術巻　889』2015：218、223）。また、娯楽に関してもプールとスケート場が建設された。プールへは、入場券5分を含めて6角必要なことから、貧しい者の利用は難しかったが、1日に300〜400人ほどが利用していたという。ただ同時に、水質が悪く消毒薬のために利用者の眼がみな充血するため改善を求められたことも報じられている。さらに1933年1月1日には、中南海公園においても仮装スケート大会が開催された[18]。もちろん、中山公園と同様に北平の文化人も中南海公園を利用した。銭玄同は1932年3月2日4時頃、章太炎ら6人で車に乗って中南海公園へ行き散歩をした、と記録している（楊主編、2014：849）。

2　日本統治時期の中南海公園の管理と利用

1937年7月7日、盧溝橋事件が起き、北平は日本の統治下に置かれた。1937年7月30日、北平治安維持会が設立し、北平から北京へ名称が変更された。同年12月14日には中華民国臨時政府の成立式が中南海公園の居仁堂で開催され、公園内の多くの建築物には日本の統治機関が置かれた。北京市長となった江朝宗（表1参照）は、市政府の参事であった呉承湜を中南海臨時整理委員会の委員長として任命した（「中南海公園史料（二）」2002、2：43-45）。このことから表1が示すように、北京政府期から日本統治期まで北京の公園管理部門の人物には連続性が確認される。

1938年1月から6月の中南海公園臨時整理委員会による中南海公園の管理についての方針は以下の5点であった。①公共設備について（掃除を行う、遊覧船の設置、園内の交通整備）、②建築物の修築、③体育と娯楽の提唱、④園内の植樹、⑤産業（懐仁堂の接収と貸し出し）である。③の体育と娯楽の提唱については、南京国民政府時期のスケート場とプールが踏襲された。1938

年1月23日、中南海で仮装スケート大会が開催され、参加者は40人余りで参観者は1000人余りであった。参加費は2角である。その後、1940年1月～1944年5月まで、入場券の管理は新民体育協会が行うようになる。公共プールの開設では、夏季5月15日から公共プールを開き、水泳教師も招聘された（「南海公園史料（二）」2002、2：38-40）。その様子は「西岸近く懐仁堂の東にある水泳プールには此頃モダン河童が泳ぐ」と、当時華北交通が発刊した雑誌『北支』において紹介されている[19]。しかし、日本の統治機関関係者の遊泳券は、1939年5月時点で一般入園者の1日遊泳券5角と比較すると、満鉄所属の者が2角、新民会所属の者が2角5分、日本人の軍人が平日2角、週末3角であり、中国人一般の価格の半額であった（「南海公園史料（二）」2002、2：51）。このように中南海公園は、南京国民政府期と同じ管理者で、公共プールやスケート場が踏襲され公園の運営がより活発化するも、日本統治機関に所属する人々の利用に適した空間となっていた。

さらに、日本の植民地統治機関である興亜院は、北京の都市再開発を計画していた。1941年3月、北支臨時政府によって立案された建設事業計画に軍および興亜院華北連絡部が協力するかたちで、今後の都市整備の際の参考の基礎として北京都市計画大綱が作成された（興亜院、1941：序）。当時、日本の統治機関によって北京市の公園として認識されていたのは、北海公園、中央公園、中南海公園、頤和園、静明園であった。そして、北京の古跡の保存と西郊への首都機能の移転が都市計画の柱とされ、西郊新市街における公園の設置が重視されたのである（興亜院、1941：18)[20]。

公共施設については、①公園、運動場、②広場、③墓地、④競馬場、⑤中央卸売市場、屠場、が設定された。①の公園、運動場については「公園は城内においては在来のものを尊重し之を整備する外古跡の所在地及其の付近を古代式の公園とし国風を保存するものとす」と民国期に造営された公園を整備して、中国の古い街並みを保存する方針が打ち出されている。また新市街については「西郊新市街にありては軍施設用地南の大広場の一部及其の前南方すでにこれに連なる東西水路の両側より城の西に設くる緑地帯すでに本市街の西、神社と忠霊塔との建設予定地八宝山等を大公園とし、市街内各所に小公園を計画す、其の他の新市街にありては市街内各所に中小公園を配置し、

万寿山付近および西山に於いては随所に公園計画をなす」と北京における積極的な公園設置計画が提案された（興亜院、1941：26-27）。結局、この北京再開発案は実行に移されることはなかったが、日本の北京都市計画における教化・啓蒙の場としての近代的都市公園の設置の重要性をうかがい知ることができよう。

　1941年12月以降、日本の太平洋戦争の戦局にともない北京の公園運営も変容していった。1942年7月からは、中南海公園に治安強化運動特別支部が設立され、中南海公園内における警防隊を組織し、事務所の職員には日本語を学習させた。他方、公共プールの運営は1942年7月から時間の制限と各時間帯ごとに価格が設定され収入の強化が図られた。また、新民体育会が運営していたスケート場についても、1944年5月以降に漢人商人へと事業が譲渡された。そしてついには、1944年公園内での食糧増産運動が行われることになった（「中南海公園史料（二）」2002、2：92-99、115、127）。この間、中南海公園はまさに戦時下における動員の場として利用されたのである。

　当初の中南海公園は、植民地行政における教化政策としての娯楽や体育を重視した活動の場となった。こうした教化の側面は日本の公園行政との関連性が指摘できよう。しかし、戦局の変容にともない中南海公園の運営管理は、中国人職員への日本語教育や食糧生産の場にまで変容した。戦時の日本統治下における中南海公園の管理には、戦況の悪化にともない日本の強いナショナリズムの下で都市公園の教化の側面が強く表出したのである。

おわりに

　本章では、北京政府期から日中戦争期まで北京の統治主体の変遷に着目しながら、北京の都市公園をめぐるさまざまな権力のありようについて検討を加えた。そこには、公園行政をめぐる都市計画や管理運営に関して重層的権力と人々の関わりが見出された。

　北京政府期における市政公所の公園観には、欧米の公園理論とともに日本の社会主義的公園経営の知見が借用された。また都市公園の設立過程では、中華民国政府や市政公所の経費不足によって、北京地域社会を担う「名流」

と呼ばれる実業家や財界人、技術官僚に設立から管理運営までを委ねざるをえなかった。彼らは中華民国政府や市政公所にも属していたことから、公園を運営する董事会は必ずしも民間団体とはいえない。しかし、そこには官と民が新たに成立した近代国家と北京地域社会双方の利益を追求する複合的な経営のあり方がみられた。

そして、そうした必ずしも官営とはいえない、民間の性質を帯びた公園の管理組織の存在は、南京国民政府期の北平で継承され、中央と地方の政治的構図のなかで、中南海公園の設立とその管轄権が北平市および地域社会へ回復することに影響を及ぼした。公園を管理運営する委員会と董事会は、中央と対立した晋系の華北地方軍事勢力と北平の地方自治を推進する市政府の技術官僚、そして北平の地域社会の政財界人により組織された。そこには国家を代表する南京国民政府に対抗する地方勢力の官と民による重層的権力のあり方が存在した。また、北平での都市公園の設置は、水資源確保の役割が付与されるなど、娯楽や休息だけでなく、都市の自然環境の整備とも考えられた。

しかし他方で、その後中南海公園の経営が破たんし、市政府へと経営管理が一元化されたことは、北平地域社会による公園の自立的管理の限界であった。日中戦争期には、帝国日本の植民地政策下で健康増進事業を重視する方針から教化の場として公園経営は継続された。そして、太平洋戦争勃発後には、公園は帝国日本の戦時動員の場へと変容した。しかし、中南海公園にみられるように管理主体が、北京政府期と南京国民政府期そして日本の植民地行政下においても、北京の地方自治政府と地域社会の人々であったことは注目に値する。ただ、その利用については、日本の植民地統治機関の意向が強く反映されたため、北京の地域社会のみに利するものとは言い難くなった。

他方、都市公園をめぐる統治主体が重層的かつ変容を繰り返すなかで、公園内における規範や活動にみられる公共性の領域や内容は変化していった。北京の人々は清朝の庭園など古跡を残す公園での遊覧と休息、スケート大会やプールでの遊泳など近代的娯楽に興じ、利用することで、都市公園を地域社会の公共財として認識するに至った。

共産党政権下における現在の北京の都市公園においても、市民は広場舞や

カラオケ、ランニングや散歩など休息や健康増進そして娯楽の場として公園を利用している。2006年の段階で、北京市による管理経営により、北京市に登録されている169の公園のうち、123の公園が無料で公開されている（『人民網』)[21]。だが、まさに皆に「開かれた」空間となった北京の都市公園は、民国期の公園内での運営や経営活動の自由さに比べ、より管理の強化が必要とされる[22]。今後、「公共空間」としての都市公園において、市民のさまざまな活動は、より政府との関係性のなかで規定されていくことになるだろう。

1) 潘は、中年女性（「おばちゃん」、中国語では「大媽／dama」）の「官との複雑な相互協力関係」の要因について、第一に政府の「大衆動員型ガバナンス政策」によって「おばちゃん」の合法的な公共参加の空間が確立されていること、第二にグループの中心が「単位」を中心に形成され「コミュニティ自治」の資源を用いてガバナンス機構と交渉し、広場舞活動を保護していることをあげている。また「おばちゃん」と「市民」は、都市空間においてはっきりとした区別はなく、都市化が進むにつれ「非おばちゃん」も広場舞にコミットする（潘、2014：28)。
2) そうした公園の空間性に着目した場合、Mitchell（1995：108-133）によれば、公園とはルフェーブルの定義にならうと「空間の表象」、すなわち行政により管理され秩序づけられた空間であり、他方そこで人々が政治的活動の集会や直接的な相互交流を行う場合は「表象の空間」、すなわち生きられた空間となるとする。
3) 序論3頁、5頁を参照。
4) 林（2014：125）はShi（1995）が指す民の担い手として地域社会のエリート層が主に北京政府関係者であると指摘し、北京政府期の中央公園をめぐる官と民との協同関係について否定している。
5) 秋道（2004：15、17、20）によれば、コモンズとは、共有地（コミュナル・ランド）や共有財産（コモン・プロパティ）、共有資源（コモン・プール・リソース）などの用語で示され、多様な意義づけがされているが、「共有とされる自然物や地理的空間、事象、道具だけでなく、共有資源（物）の所有と利用の権利規則、状態までをも含んだ包括的な概念」として定義される。基本的な概念としては、ローカル・コモンズ、パブリック・コモンズ、グローバル・コモンズの3つに分類される。
6) 石川禎浩（1999：75-94）は、20世紀初頭の上海外灘公園における「犬と中国人は入るべからず」という立て札の実在をめぐり、中国人の入園規制をめぐる公園規則を検討し、現代中国のナショナリズムや歴史認識を明らかにした。
7) ここでは、現代日本の地域住民による児童公園の管理という比較的小さなコミュニティの事例を取り扱っているが、本章では民国期における公園設立の初期段階を取り

扱うため、管理の担い手の対象をより広い地域社会の住民に設定した。
8) 白幡（1995：13）は都市公園の定義を都市に設置されている理由だけでなく、「都市の統治者や都市自治体によってつくられた」とし、古い共同体のなかで自然発生的に生まれたような伝統的広場や名所は都市公園に当てはまらないとする。
9) ここでは、中央公園設立にあたって魯迅の関与も指摘されている。
10) イギリス人のスウザァスの著作で松井真玄が翻訳した『市営と私営』の第2章「市営事業の原理」が紹介されている（「市営与私営」『市政通告』1914年第1期、1、4頁）。
11) 社稷壇公園預備之過去与未来」『市政通告』1914年第2期、10頁。
12) 『応用市政論』は安部磯雄が1902年にグッドナウの"Municipal Government"を『市政論』と翻訳し、その内容を踏まえて1908年に執筆された。
13) 「公園論」『市政通告』1915年第17期、29頁。
14) 「公園論」『市政通告』1915年第17期、30頁；同、1915年第18期、31-33頁。
15) 人民共和国初期の北京の新都市建設において、華南圭は1949年5月、北京の都市計画について「北京新都市計画第一期計画大綱」を提起し、水利と交通の観点から北京の城壁の取り壊しを主張し、同じ営造社出身の建築家梁思成と対立した（王軍、2003：64）。
16) 『華北日報』とは、「中央が北方を直轄するたった一つの党報」と位置づけ、南京にある中央政府と北方の民意との懸け橋となるため、中央宣伝部により発行された（『華北日報』1929年1月5日、第2版）。
17) 北海公園の利用規則である「北海公園遊覧規則」では、開園時間が朝の5時から夜の11時となり、釣り場での有料での釣り、また個人におけるカメラの携帯の許可および別規定による営業用の撮影許可、などが追加されている（『民国文献類編　文化芸術巻　889』2015：316）。
18) 「記北平中南海遊泳池」（1933）『北洋画報』第20巻第961期；「中南海習弾溜水之元旦」（1933）『北洋画報』第18巻第880期。
19) 北京・華北交通株式会社資業局資料課『北支』第一書房、1940年7月号、25頁。
20) 興亜院が構想した西郊への行政地区移転案については、建築家梁思成がその後利用し、1949年3月から4月北平市建設局が開いた北平新都市建設についての座談会で提起された（王軍、2003：65）。
21) 2006年から無料公開された北京の都市公園は、紫竹公園、東城区南館公園、人定湖公園、南苑公園、長辛店公園、八角雕塑公園、宣武芸園、万寿公園、団結湖公園、紅領巾公園、日壇公園、麗都公園がある（『人民網』）。
22) 「免票後的酸甜苦辣」『景観』2013年第3輯、26-31頁。

参考文献
日本語
秋道智彌（2004）『コモンズの人類学――文化・歴史・生態』人文書院。

安部磯雄（1908）『応用市政論』日高有倫堂。
石川幹子（2005）「公共空間としての公園・緑地」植田和弘・神野直彦・西村幸夫・間宮陽介編『公共空間としての都市』（岩波講座　都市の再生を考える 7）岩波書店。
石川禎浩（1999）「『犬と中国人は入るべからず』問題再考」伊藤之雄、川田稔編著『環太平洋の国際秩序の模索と日本―第一次世界大戦後から五五年体制成立』山川出版社。
川島真（2002）「近代『文化』都市北京の建設とその風景」『アジア遊学』第 40 号。
興亜院（1941）『北京都市計画概要』興技調査資料第 57 号。
黄東蘭（2005）『近代中国の地方自治と明治日本』（汲古叢書 57）汲古書院。
申龍徹（2003）「都市公園政策の歴史的変遷過程における『機能の社会化』と政策形成（1）」『法学志林』第 100 巻第 2 号。
スウザァス、松井松葉訳（1909）『市営と私営』日高有倫堂。
白幡洋三郎（1995）『近代都市公園史の研究、欧化の系譜』思文閣。
高村学人（2009）「コモンズ研究のための法概念の再定位―社会諸科学との協働を志向して」『社会科学研究』第 60 巻第 5・6 合併号。
───（2012）『コモンズからの都市再生―地域共同管理と法の新たな役割』ミネルヴァ書房。
田中比呂志（2010）『近代中国の政治統合と地域社会―立憲・地方自治・地方エリート』研文出版。
ハーバーマス、ユルゲン著、細谷貞雄・山田正行訳（1994）『公共性の構造転換―市民社会の一カテゴリーについての探究』（第 2 版）未來社。
潘妮妮（2014）「広場舞の二つの側面―都市空間における権力と公共参加」『アジ研ワールド・トレンド』第 255 号。
丸山宏 1983「明治社会主義者達の公園観」『造園雑誌』第 46 巻第 5 号。

中国語
北京市公園管理中心・北京市公園緑地協会編（2011）『北京公園分類及標準研究』北京：文物出版社。
楊天石主編（2014）『銭玄同日記（整理本）中 1923-1933』北京：北京大学出版社。
北京市档案館編（2000）1「中南海公園史料」『北京档案史料』北京：新華出版社。
北京市档案館編（2002）2「中南海公園史料（二）」『北京档案史料』北京：新華出版社。
北京市档案館編（2004）3「中南海公園史料、続補」『北京档案史料』北京：新華出版社。
北平特別市工務局（1928）「北平公務局玉泉源流及整理大綱計画書」『中華工程師学会会報』第 15 巻第 9、10 期。
「北平中南海開放観光」『国民政府档案』台北：国史舘（台湾）。
戴海斌（2005）「中央公園与民初北京社会」『北京社会科学』第 2 期。
華南圭（1928a）「北平特別市工務局組織成立宣言 1928 年 9 月 13 日」『中華工程師学会会報』第 15 巻 5、6 期。

華南圭（1928b）「北平之水道」『中華工程師学会会報』第 15 巻 7、8 期。
林崢（2014）「従禁苑到公園―民初北京公共空間的開辟」『文化研究』第 1 期。
劉寿林（1995）『民国職官年表』北京：中華書局。
民国時期文献保護中心中国社会科学院近代史研究所編（2015）『民国文献類編　文化芸術巻　889』『民国文献類編　文化芸術巻　890』北京：国家図書館出版社。
孫慧羽（2011）「華南圭与北平水環境治理 1928-1929」『北京社会科学』第 3 期。
王軍（2003）『城記』北京：三聯書店（日本語訳では、王軍著、多田麻美訳（2008）『北京再造―古都の命運と建築家梁思成』中国書店がある）。
徐友春主編（2007）『民国人物大辞典』石家荘：河北人民出版社。
『人民網』「京華時報：北京 12 家公園下月起免費開放」2006 年 6 月 30 日　http://news.people.com.cn/GB/37454/37461/4546548.html（2017 年 3 月 6 日最終確認）
『華北日報』（北京）
『申報』（上海）
『益世報』（天津）

英語文献

Huang, Philip C. C.（1993）'"Public Sphere"/"Civil Society" in China?: The Third Realm between State and Society,' *Modern China*, Vol. 19, No. 2, Symposium: "Public Shere"/"Civil Society" in China? Paradigmatic Issues in Chinese Studies, III, pp. 216-240.

Mitchell, Don（1995）"The End of Public Space? People's Park, Definitions of the Public, and Democracy," *Annals of the Associaotion of American Geographers*, Vol. 85.

Rowe, William T.（1984）*Hankow: Commerce and Society in a Chinese City, 1796-1889*, Stanford: Stanford University Press.

Shi, Ming Zheng（1995）"From Imperial Gardens to Public Parks The Transformation of Urban Space in Early Twentieth-Century Beijing," *Modern China*, Vol. 24, No. 3.

Strand, David（2000）"New Chinese Cities" in Joseph W. Esherick, ed. *Remaking the Chinese City: Modernity and National Identity, 1900 to 1950*, Honolulu: University of Hawai'i Press.

第4章
社会国家への模索
——「労働保険条例」の施行と挫折

小嶋華津子

はじめに

　序論で引用したように、国家は程度の差こそあれ社会国家を標榜し、「社会的連帯の感覚を集合的（国民的）アイデンティティの感覚によって裏打ちする」ことを目指す（齋藤、2000：74）。この点において、1949年10月に建国を宣言した中華人民共和国（以下、中国）も例外ではなかった。本章では、建国初期の中国に焦点を当て、中国共産党（以下、共産党または党）および中国政府が、社会保障政策と社会的連帯の醸成、国民国家形成をどのように結びつけて推進していったのか、それが実施の過程でどのように変化していったのかを考察したい。

　分析に先立ち、本章で扱う対象と枠組みを明確化しておこう。従来、政治学的に社会保障を扱う福祉国家論は、資本主義体制内の多様性を論ずる枠組みとして発展してきた。それは、資本主義市場経済が生み出す景気循環と格差の問題に対応するため、自由主義的夜警国家に代わる国家のあり方として登場した福祉国家の成り立ちに起因する。1990年に福祉レジーム論を提唱したエスピン-アンデルセンも、資本主義諸国を自由主義的福祉国家、保守主義的福祉国家、社会民主主義的福祉国家の3類型に区分し、社会主義国家を範疇から除外している（エスピン-アンデルセン、2001）。

　これに対し、比較政治学の分野では、近年、従来の理論的縛りを乗り越え、「福祉レジーム」をより柔軟性の高い概念として再解釈し、それを用いて、

福祉をめぐる現実社会のダイナミクスを記述し、より汎用性のある理論構築への足がかりにしようという試みが始まっている。かつての「西側諸国」にとどまらず、社会主義国家、独裁国家をも射程に入れ、国家・市場・家族・共同体の力関係や価値規範の変化が織りなす「福祉レジーム」の比較分析を試みた新川敏光らの研究は注目に値する（新川編著、2015）。

　他方、地域研究、歴史研究の分野でも、福祉に関わる幅広い社会ネットワークに着目し、社会国家の成り立ちを解明しようとする試みが続けられてきた。体制を問わずあらゆる国家の社会保障の実現が、国家による社会統合という側面を有する限り[1]、その実現形態は、国家と社会の諸アクター間の利益と規範をめぐる相互作用の結果であり、その力学をある程度のタイムスパンをとって明らかにすることこそ、社会国家の動態的把握につながるとする立場である。たとえば、高岡（2011）は、「従来の国家論や資本主義論とは異な」る見地に立ち（高岡、2011：12）、戦時期日本の社会国家構想の多様な潮流を、社会統合という観点から歴史学的に研究した。

　本章では、これら政治研究・歴史研究の視点を参考に、建国後まもなく中国で施行された「中華人民共和国労働保険条例」（1951年3月施行。以下、「労働保険条例」）をめぐり、党・国家内部、党・国家と工会（労働組合）、中央と地方、幹部と労働者大衆の間で繰り広げられた協力と対立の過程を分析する。労働者の生活を支える保険を誰が担うのかという問題は、国民の連帯のかたち、さらには国家建設に関わる問題であると同時に、利権の分配やイデオロギーの観点からも妥協を許さない争点として意味づけられた。そして保険をめぐる激しい闘争の結末は、その後の中国の公共のありようと連帯のかたちに大きな影響を与えることとなった。

　社会保障と公共のありよう、連帯のかたちという切り口で中国現代史を俯瞰したとき、都市と農村、幹部と大衆の間にみられる断裂もまた、中国の特徴を捉える重要なテーマであるが、本章では、産業労働者を対象とした社会保障に焦点を絞りたい。同様に、産業労働者に焦点を当て、建国前後の社会保障政策の変遷とそれがもたらした格差について論じた最近の成果に、ナラ・ディロンによる研究がある。ディロンは、国際的労働組織からの認知をめぐる国民党との競合のなかで形成された中国共産党の社会保障政策が、建

国後の実践において、当初目指された包括性を失っていった経緯を論じた (Dillon, 2015)。本章では、ディロンが論じた制度や政策の変遷、および結果としての格差よりもむしろ、労働保険を支えた国家構想やイデオロギー、さらには労働保険がもたらした利権をめぐる党中央指導者内部および中央と地方・基層間の対立・確執に焦点を当て、社会国家建設をめぐる政治の動態を描き出したい。

以下、第Ⅰ節では、「労働保険条例」の実施に至る共産党指導部の国家構想を整理する。第Ⅱ節では、条例実施の過程で生じた、多レベルの対立・逸脱を描き、条例の形骸化を導いた政治の動態を分析する。そして最後に、こうした建国後の経緯が、今日の中国の社会国家としての態様、さらには国家規模の社会の連帯と公共のかたちにどのような影響をもたらしたのかを考察する。

Ⅰ 「中華人民共和国労働保険条例」の制定

本節では、「労働保険条例」の制定過程を整理し、同条例が映し出す当時の政府指導者の国家構想について分析する。

1 「中華人民共和国労働保険条例」の制定

① 根拠地および「解放区」における労働保険の試み

「労働保険条例」は、建国前に革命根拠地および「解放区」で制定、施行された地域限定的な労働保険にその雛形をみることができる。結党当初より社会保険の立法化と実施の要求を掲げ労働運動を組織してきた共産党は、1927年の四・一二クーデター以降、国民党との武装闘争を闘いながら、支配下におさめた革命根拠地にて、局地的な社会保険の試みを実施した。第1回中華ソビエト共和国工農兵代表大会（1931年11月）で可決した「中華ソビエト共和国労働法」には社会保険についての詳細な規定が盛り込まれた。しかしながら、本「労働法」は雇用主に対し、従業員の賃金総額の10～15％の社会保険料の支払いを義務づけるなど、根拠地の現実に見合わないものであり、1933年4月に改正されたものの、戦況の悪化と1934年10月

より始まる長征により、施行には至らなかった。抗日戦争とそれに続く国共内戦期においても、各根拠地、「解放区」では社会保険の試みがなされた。とりわけ、建国後の「労働保険条例」の実施に影響を与えたのが、東北の経験であった。全国に先駆けて「解放」された東北では、第6回全国労働大会（1948年8月ハルビン）で示された方針に基づき、1948年12月、「東北公営企業戦時暫行労働保険条例」（以下、「東北条例」）が公布された。同条例は、すべての公営企業（約420企業）で働く正規従業員（約80万人）に適用され（当代中国叢書編輯部編、1987：299-300）、企業が従業員の賃金総額の3%を基準に納付する労働保険料を用いて、企業の正規従業員に対し各種保険金（障害見舞金、医療費補助、葬祭費補助、養老年金、生育補助など）を支払うものであった。保険基金の管理と保険金の支払いは東北行政委員会労働総局が指定銀行を通じて行い、東北職工総会が、産業ごとに労働保険委員会を設置し関連業務を担った。

② 「労働保険条例」の特徴

中華人民共和国の建国にあたり、党中央は臨時憲法にあたる中国人民政治協商会議「共同綱領」（1949年9月）第23条に「漸次労働保険制度を実施する」と定め、全国規模の労働保険制度の確立を目指した。そして1948年8月、東北局工人運動委員会書記として「東北条例」の起草を主宰していた李立三を、中央職工運動委員会書記ならびに中華全国総工会（工会の全国統括組織。以下、全総）副主席兼党組書記に任命した。李は1949年2月、全総の北平（現在の北京）への移転を機に北平に移り、同年10月には新たに政務院政務委員および労働部部長の役職を得て、中央の労働行政全般に深く関わることとなった。

李が中心となって起草した「労働保険条例」は、草案の公表、意見聴取、修正を経て、1951年2月27日に公布された。それは、「東北条例」を下敷きにしつつ、次のような特徴を有するものであった[2]。

第一に、公営企業のみを対象とした「東北条例」とは異なり、「労働保険条例」は、所有制を問わず、従業員100人以上の鉱工業企業および鉄道・海運・郵電の各企業を対象とし、一定の経験を積んだ後に、適用範囲を拡大することを謳っていた。所有制を不問とすることについて、李立三は次のよう

に説明した。東北のやり方に倣い、まず国営企業で試行し、後に私営企業に広げていくべきだという意見もある。しかし、関内の状況は東北とは異なり、私営企業の比重が国営企業よりも大きく、私営企業のなかには多くの労働者を雇用している大企業もある。したがって、公営企業のみを対象に実施するのは明らかに不公平である、と（「労働部李立三部長関於中華人民共和国労働保険条例草案的幾点説明」『人民日報』1951年2月27日）。

　第二に、「労働保険条例」では、全総が労働保険事業の最高領導機関であり、政府行政機関ではなく工会が、労働保険の管理・運用をすることが規定された。企業は毎月従業員の賃金総額の3％を労働保険料として工会基層委員会の指定口座に納付する。工会基層委員会は、そのうち70％を労働保険基金として従業員の各種見舞金（障害手当、遺族年金など）、補助費（養老年金など）、救済費として用いる。残額はすべて省・市工会組織あるいは産業別工会全国委員会の口座に、労働保険調整金として納付する。企業から納付された保険料の30％は、全総の口座に上納され、労働保険総基金として、主に集団労働保険事業（療養所、障害者施設、養老院、孤児院、保養所などの建設）に用いられる。各レベルの工会には、労働保険に関わる業務を遂行し、定期的に上級工会組織および所轄の政府労働行政部門（基層委員会の場合は、加えて工会（代表）会員大会）に対し会計報告、業務報告を行うことが義務づけられた。

　第三に、企業は工会に労働保険料を納付する以外に、従業員のための医療施設の充実に努め、従業員およびその扶養家族の医薬費・入院費および治療による欠勤期間の賃金、死亡時の葬儀費用などを加入者に直接給付することが規定された。

　労働保険は、条例公布後2ヵ月ほどの準備期間を経て、同年5月より始動した。実施2年後の1953年1月には、適用範囲の拡大と保険待遇の引き上げを柱とする改正がなされ、条例実施企業は4400企業あまり（前年比11.5％増）、加入者数は420万人（前年比39％増）となった。さらに1956年になると、実施範囲はさらに多様な産業に拡大し、加入者数は1600万人と、国営、公私合営、私営企業の総従業員数の94％に達した（当代中国叢書編輯部編、1987：306-307）。

2　労働保険と国家構想

次に、「労働保険条例」に込められた、当時の党および人民政府指導者の国家構想を読み解いてみたい。条例からは、労働保険の実施をもって国民国家の強化を実現しようとする指導者の意図がうかがえる。

①　経済的保障を通じた労働者の組織化

第一に、労働保険の実施を通じ、人民政府の下に国家レベルの社会統合を実現することが期待された。中華人民共和国の成立を宣言したとはいえ、国民党との内戦は未だ完全には終息せず、変わらぬ最優先課題は、共産党と人民政府の威信を高め、その下に国民を結集することであった。労働保険は、経済的保障によって、労働者の間に党と政府に対する精神的信任を育むとともに、多くの労働者を地方から中央にまで及ぶ労働保険制度の下に組織化する格好の手段であった。同時期に進められた産業別賃金制度の統一化と並び、労働保険についても、集権的制度の建設と労働者の組織化が目指された。

労働保険を呼び水に、幅広い労働者を糾合する母体として、工会に必要とされたのは、包摂力と集権的な組織系統であった。包摂力に関し、李立三は、工会がさまざまな政治信条や信仰をもつ労働者に開かれた組織であることを繰り返し主張した。たとえば全国工会工作会議（1949年7～8月、北平）において、李は次のように論じた。工会は労働者階級の大衆組織であり、先進分子の組織ではない。この点で、政党とは根本的に異なる。共産党に加入するには共産主義を信奉していなければならないが、大衆組織は政治的条件をもたない。共産主義のみならず、三民主義を信じていても、仏教、キリスト教、会堂門などを信仰していても加入できるのだ、と（李国忠主編、1993：489）。毛沢東もこれに対し、「我々は、反動分子、破壊分子、資本家を除き、落伍した者、過ちを犯した者、国民党に参加したことのある者をみな工会に加入させるべきである。彼らを団結させて力に変えるのだ」と同調したという（李思慎、2009：176）。1949年8月24日付『人民日報』巻頭には「全国の工人階級を組織しよう」という社説が掲載され、全国で工会の建設と労働者の組織化が進んだ。

集権的な組織を構築するにあたり、李立三が目指したのは、産業を軸に全総－産業別工会全国委員会－地方各級産業別工会－企業工会と続くタテの指

導系統の強化であった。地方別工会の役割に依存せざるをえない現状を打破するべく、李は、1949年11月9日付『工人日報』に、「全国的産業別工会を建設することこそ工会組織にとり目下の中心的任務である」と題する社説を掲載し、産業別工会の設置を急いだ。同年12月には全総より「10の全国的産業別工会の設置に関する通知」を出し、1950年5月までに鉄路、郵電、海員、紡績、エネルギー、金属、食品、教育、出版、運送の各産業について各地方が産業別総工会を組織し、産業内での賃金制度や福利制度の統一に向け準備するよう求めた。李は1951年10月2日、毛沢東にコメントを求めた報告「工会工作において論争を生じている問題に関する意見」において、この点について次のように説明した。すなわち、工会組織のあり方については、一方に、中国経済は不均衡であるため、全国的産業別工会の建設は時期尚早であり、むしろ地方別工会の領導を強化すべきであるという意見がある。他方、経済建設のために、中央各産業管理部門が統一的な計画・制度に基づき統一的管理を確立する必要があるのに加え、労働者の狭隘な業界観念と地方観念を打破し、全国的観念や階級全体を見据える観念をもつよう教育する必要があることから、全国的産業別工会の建設を必要かつ有益であるとする考えもある。私は後者の考えに同意する、と（李思慎、2009：310-312）。

　党・人民政府は、会員と非会員の間に労働保険待遇上の格差を設け、かつ国民党統治期の苛酷な労働環境を引き合いに、労働保険の意義を宣伝することにより、労働者の工会への組織化を進めた。「労働保険条例」の宣伝工作にあたっては、国民党統治下の悲惨な記憶をできるだけ具体的に呼び起こし、過去との対比を有効に用いながら、共産党と人民政府がいかに労働者の生活に関心を寄せているかを労働者に理解させ、党と人民政府を強化してこそ、自分たちの物質生活と文化生活が改善されるのだということを納得させるよう指導された（「中華全国総工会関於実施中華人民共和国労働保険条例準備工作的通知」『人民日報』1951年3月3日）。国民党統治下で施行された労働保険についても、頭脳労働と肉体労働、職員と労働者、男性と女性を差別する不合理なものであったと繰り返し批判された（郭方・弥勒華「関於労働保険条例草案的幾点認識」『人民日報』1950年12月8日、「切実執行労働保険条例：工人日報社論」『人民日報』1951年2月27日）。

② 工業化のための労働力の安定的確保

　第二に、労働保険は、工業化のための労働力の安定的確保に資するものとして期待された。国共内戦に加え、1950年6月には朝鮮戦争が勃発し、対中経済封鎖が実施されるなか、工業化は国家の安全に関わる課題としてますます緊急性を増した。それは同時に、工業生産を支える健康な労働者を確保する必要の高まりを意味した。労働保険の重要な目的が、労働者の健康増進にあったことは、労働保険制度の導入が、企業単位内の診療所の建設と併せて進められたこと、工会の管理する労働保険基金の多くが、療養所の建設に用いられたことからも明らかである。また、先述のように、「労働保険条例」は、企業側に対し、労働保険料の納付とは別に、従業員およびその扶養家族の医薬費・入院費および治療による欠勤期間の賃金など短期保障の直接給付を義務づけたが、それも、企業に対し、支出削減のため労働者の健康増進に取り組むインセンティヴを与えるためのしくみであると説明された（前掲、郭方・弥勒華「関於労働保険条例草案的幾点認識」『人民日報』1950年12月8日、前掲「労働部李立三部長関於中華人民共和国労働保険条例草案的幾点説明」1951年2月27日）。

　無論、労働保険の実施を促した要因は、上記の2点ばかりではない。労農階級の前衛として、労働者の福祉の充実を図ろうとするイデオロギー的動機も大いに作用したと考えられる。しかし、国共内戦、朝鮮戦争という対内的・対外的危機の最中において、上記の2点が死活的に重要な課題として、労働保険構想についての指導者間の合意を得ていたことは確かであろう。

Ⅱ　「中華人民共和国労働保険条例」の破綻

　労働保険の実施を通じた労働者の国家的統合の試みは、建国当初より構想および実践の両面において多分に不安定要素を抱えていた。本節では、戦時状態の緩和にともなう党中央の路線対立の表面化、地方および基層における慢性的な人的リソースの欠如が、労働保険を支える制度および規範を瓦解させていった経緯を整理したい。

1　路線闘争の激化
①　公私関係をめぐる党中央指導者の対立

　党指導部内には建国以前より、公私関係への対応方法をめぐり、劉少奇、彭真、薄一波、鄧子恢（中南局第三書記）、李立三ら「新民主主義」の下、私営経済を活用することにより経済の発展を促そうとする指導者たちと、早急に公有経済へと移行させるべきだとする毛沢東、高崗（東北局第一書記）、陳伯達、東北局、西北局らとの間に、農村政策3)、都市政策双方において緊張関係が存在した。

　「労働保険条例」において労働保険の担い手とされた工会をめぐっては、公営企業内部に公私の矛盾が存在するか、工会は党や行政と異なる立場を保持するべきかという点をめぐり、建国以前より対立が生じていた（王永璽主編、1992：344）。公営企業の経営を担う行政と労働者の間には依然として具体的な場面において利益の不一致があるのであり、工会は人事・財務面も含めて行政からの自律を保持し4)、労働者の利益代表としての機能を果たすべきだとする劉少奇、鄧子恢5)、李立三らに対し、毛沢東、高崗、陳伯達は公営企業においては、党・行政・工会の思想上、行動上の一致を保証すべきであると主張した。高崗は1951年4月、「公営工廠における行政と工会の立場の一致を論ず」と題する文章を書き、このなかで、李立三および鄧子恢の観点を批判した。これに対し、劉少奇は、高崗報告の公表を暫時見合わせるよう指示を出したうえで、自ら「国営工廠内部の矛盾と工会工作の基本任務」というメモを書き、李立三および鄧子恢の観点を支持した（中共中央文献編集委員会編、1991：125-134）。本対立は、結局のところ、毛沢東が工会工作の「深刻な誤り」を指摘したことから高崗、陳伯達らに軍配が上がり、李立三は同年11月、全総副主席兼党組書記の職務を解任させられるとともに、全総党組第1回拡大会議（1951年12月）において、資本家に妥協し、工会の党・行政からの過度の自律を企て、労働保険の実施を性急に進め、無理やり産業別工会を建設したことなどを理由に、李富春、陳伯達らより、狭隘な経済主義、サンディカリズム、右傾主観主義の誤りを犯したと批判を浴びた（中華全国総工会弁公庁編、1989：96-115)6)。

　しかし、少なくとも1954年半ばに至るまで、労働保険を支える上述の国

家構想が放棄されることはなかった。1951年末に表沙汰となった工会論争は、党中央指導部内の路線闘争、権力闘争を深めたものの、負の影響を最小限にとどめようとの配慮が働いたためであろうか、劉少奇が矢面に立つことは回避された。劉少奇の手による上記のメモは「複雑な理由により」公表されず（王永璽主編、1992：348）、劉は全総名誉主席のポストにありながら全総党組第1回拡大会議を欠席した。劉の工会問題に関する自己批判は、中国共産党第7期中央委員会第4回全体会議（1954年2月）にて、国家計画委員会主席としてソ連型社会主義建設を推し進めていた高崗が「反党分裂活動」を主導したとして批判されたタイミングを捉えてなされたのであった。こうした指導部内のバランスのなかで、李立三は全総業務から離れたものの、1954年9月に職を解かれるまで、労働部長として労働保険の実施に尽力していった。1954年5月には、労働部による「労働保険工作を全総の統一管理に移管することに関する建議」が政務院の批准を得て、企業の労働保険実施の批准、労働保険金給付についての監督、労働保険業務についての検査、労働保険法規の解釈、労働保険に関わる告訴の処理などはすべて工会の管理するところとなった（当代中国叢書編輯委員会編、1997：133）。

② 分権化と毛沢東路線

しかし、1950年代後半を迎えると、労働保険は、制度、規範の両面から瓦解へと向かっていった。

制度面では、脱ソ連モデルの一環として進められた地方分権政策の影響が大きかったであろう。第1次五ヵ年計画期の中央集権的経済管理体制の弊害が顕在化したのを受け、中国共産党第8期中央委員会第3回全体会議（1957年9月）後、陳雲らが中心となって「工業管理体制の改善に関する規定」、「商業管理体制の改善に関する規定」、「財政管理体制の改善に関する規定」を起草し、国務院全体会議で可決された。これらはすべて、従来中央各部門が握っていた商工業面での企業管理、分配、財務管理、人事管理などについての権限の一部を地方行政機関や基層企業、基層商店に委譲するという趣旨の決定であった。他方、1956年から57年にかけ、急速な社会主義改造にともなう混乱から全国的にストライキが頻発し、工会の百花斉放・百家争鳴運動においては、頼若愚（全総主席）をはじめ全総指導者たちが、李立三批判

の撤回と、工会の利益代表としての自律性強化を主張していた。しかし、これらの動きは反右派闘争で弾圧され、全総党組第2回拡大会議（1957年9月）では全総党組第1回拡大会議の決議と李立三批判を引き続き守ることが改めて申し渡され、頼若愚らは全総党組第3回拡大会議（1958年5〜8月）を機に一斉にパージされたのであった。

　1957年末より断行された工会組織の再編は、上記の文脈のなかで、全総および産業別工会全国委員会の機能を弱体化するとともに、それらを頂点とする垂直的指導系統を分断し、地方党委員会の強い影響力の下にある地方別工会に業務の実権を委譲する方向で進められた。中国工会第8回全国代表大会（1957年12月）においては、「中国工会章程」に産業と地区の双方を軸とする二重支配が正式に明記された。続いて1958年3月の成都会議にて可決された「工会の組織問題に関する意見」では、一部産業別工会の合併や撤廃とともに、同級党委員会の領導を主とし、同時に上級工会の領導を受ける方向での再編が提起された（中華全国総工会弁公庁編、1989：648）。同意見および全総第8期執行委員会第2回会議（1958年8月）で採択された「工会体制に関する決議」に基づき、工会組織には大規模な改編が実施された。全総と各産業別工会全国委員会の部門は一部合併・撤廃され、その任務についても、調査研究、検査工作、国際活動に限定された。

　上記の組織改編にともない、労働保険事業の管理権限も、全総から、省・市・自治区総工会の管轄へと委譲された（王永璽主編、1992：74；王漁ほか主編、1989：186）。ここに、労働保険を通じた国家規模の社会的連帯の実現という当初の構想は、その枠組みから溶解していったのであった。

　また規範の面においては、1955年末に毛沢東が「反保守反右傾」を提起して以降、鉱工業の社会主義改造が加速度的に進み、さらに反右派闘争を経て、資本主義的要素に対する弾圧が勢いを増した。それは次第に、資本家のみならず労働者による経済的利益の追求をも資本主義的思考として否定する風潮を生み出していった。1962年より、社会主義教育運動が都市部へと広がり、大衆運動としてエスカレートするなかで、陳伯達は天津などに赴き、従来の工会を、労働保険や補助金など経済的手段に依存することによって労働者を腐食、買収し、「修正主義」の温床になってしまったと主張し、「福利

工会」と呼んで批判した（杜主編、1991：134）。

2　地方・基層における慢性的な人的リソースの欠如と混乱
①　人的リソースの欠如

　労働保険の実施は、地方および基層レベルの工会の執行能力に大きく依存していた。しかし、多くの地方では、工会の組織化すら順調に進んではおらず、工会が組織されたところでも、慢性的な人材不足に直面していた。専従の工会幹部が少なく、大部分が一般の労働者のなかから抜擢された者であったため、経験に乏しく、十分な業務遂行能力を有していなかった。加えて、党も同様に人材不足に悩んでおり、有能な幹部は、次々と党によって別の部署に引き抜かれていった。

　たとえば浙江省の場合、1949年9月から10月にかけて行われた浙江省工会工作会議で、翌年5月初めをめどに省内のすべての市および主な県に総工会とそれに所属する産業別工会を建設し、浙江省総工会を正式に設立するという方針が示されたものの、予定通りには進まず、浙江省総工会が成立したのは1952年10月のことであった。また1951年の時点で、杭州・寧波・温州・嘉興・湖州の基層工会組織のうち、労働者の大多数を組織し、労働者のなかで一定の威信をもち、幹部の作風も問題なく、活動が制度化され、すでに生産競争などの活動実績を積んでいるものは全体の20％、組織は作ったものの、スローガンを打ち出すばかりで動員力に欠け、形式主義に陥っているものが過半数、残る3割は依然として雇用主やかつての頭目に掌握されるなど大きな問題を抱えていた（『中国工会運動史料全書』総編輯委員会・『中国工会運動史料全書』浙江巻編委会編、2000：566）。

　こうしたなかでの「労働保険条例」の実施は容易ではなかった。労働保険実施の準備工作は、以下のような段取りで進めることが計画されていた。すなわち、まず省が労働保険幹部学習班を通じて幹部を教育し、その後、保険業務の意義と内容を習得した幹部が工作組を作って工廠に赴き、労働者に対し宣伝教育を行う。そのうえで、各工廠の工会に労働保険委員会（3〜15人）を設立し、保険加入の登記・審査、企業による医務工作の監督、基層レベルでの労働保険集団福利事業（託児所、診療所、浴室などの建設）などを担当す

る、と。しかし浙江省の場合、1955年6月に至っても、基層工会のうち労働保険委員会を設置したのは、全体の33.3%にとどまっていた（『中国工会運動史料全書』総編輯委員会・『中国工会運動史料全書』浙江巻編委会編、2000：711）。工会内部には、労働保険を含む事務的業務を軽減してほしいとの意見が根強く、ついに1965年夏の省・市・自治区工会主席座談会では、労働保険に関する財務、報告、審査業務を一括して企業行政に移管することが取り決められた（中華全国総工会弁公庁編、1989：1128-1129）。

② 混乱と欲望

加えて、中央の路線闘争、それにともなう工会指導者の度重なるパージ、組織の改編も、地方・基層レベルに混乱をもたらした。浙江省工会第2回代表大会（1955年3月）で、段克傑（浙江省工会副主席）は次のように指摘した。すなわち、一部の工会は、資本家による利益誘導や公私合営化への抵抗に十分な警戒心をもたず、妥協的である。また、国営・公営企業においては、社会主義を達成したとの慢心から党や行政が工会を軽視する傾向が強く、工会幹部の質の低さや「経済主義批判」のトラウマと相まって、労働者の賃金・福利などの問題について工会がしかるべき役割を発揮できていない、と（『中国工会運動史料全書』総編輯委員会・『中国工会運動史料全書』浙江巻編委会編、2000：586-587）。ここからうかがえるのは、基層工会の幹部が、労働者の生活や福利の実現に信念をもって取り組める状況になかったということである。李立三批判以降繰り返された経済主義批判の対象が労働者の利益追求行為にまで及ぶにつれ、彼らは自信を失い、基層および県レベルの工会を中心に、陳伯達らの「福利工会」批判に同調し、既存の工会体制やそれが支えた労働保険そのものを否定する潮流が生まれていった。

他方で、集権的な保険制度の弛緩にともない、保険を利用し、規定外の利益を得ようとする動きも広がった。山東省の新汶鉱区工会においては、鉱区工会によって高級家具や幹部用高級栄養補給品の購入などに使われた労働保険基金浪費額が、1962年から63年3月までの期間で12.27万元に達したという（新汶鉱区工会編、1994：131）。さらに保険基金の流用に加え、大躍進期の経済的不振により多くの企業が保険料を滞納する一方、多くの適用外企業が混乱に便乗して労働保険を享受し始めたことにより、労働保険会計は逼迫

した[7]。1965年には13の省・市および鉄道系統で労働保険会計が支出超過に陥った（当代中国叢書編輯委員会編、1997：136）。こうした状況は、プロレタリア文化大革命の時期にいっそう深刻化した。ペリーとシュンの研究によると、上海市の労働賃金委員会は、高まる労働者の経済的要求への対応策につき党中央に緊急の書簡を書き指示を求めたが、回答が得られなかったため、1967年1月1日、曹荻秋（市長）主催の会議を開き、1958年以降農村に送られたすべての労働者に対し元の工廠への復職を認める、職のない若者に職を与える、街道企業に国有企業の看板を認め、その従業員の保険や福利についても適切に議論する、長期にわたり職についている季節労働者、契約労働者に対し、正規労働者への変更を認める等の決定を下した。これにより、その後の1ヵ月間に賃金・補助金・福利などに支出された金額は総額3500万〜4000万元に達したという（Perry and Xun, 1997: 114）。同様の事態は北京、天津、瀋陽、撫順、鞍山、ハルビン、太原、青島、広州など50あまりの鉱工業都市でみられた（匪情研究雑誌社・匪情年報編輯委員会編、1968：131）。

　上記のような状況を受け、労働保険は1964年頃から徐々に企業保険へと溶解を始めた。1964年4月に全総が作成したマニュアルには、「もともと『労働保険条例』を実施していた単位は、縮小あるいは暫時生産停止となった場合も労働保険を実施し続けるべきであるが、個々の企業について労働保険料の納付が経済的に不可能な場合には、批准単位の同意を経て『労働保険条例』の実施を止め、企業行政が条例の関連規定に基づき、直接保険待遇を給付してもよい」との見解が示された（北京市労働局編、1973：478）。1969年には「国有企業財務工作におけるいくつかの制度に関する改革意見（草案）」が公布され、国営企業に対し、一律労働保険金の受領を停止し、従来労働保険金から支出していた諸費用については営業外支出として計上するよう提案された。これをもって、労働保険は完全に企業保険と化したのであった。

　なお、プロレタリア文化大革命の初期には、一見して相反する「福利工会」批判と保険基金の無制限な適用を招いた労働者の経済的要求が、劉少奇を頂点とする指導者の打倒に向け結束したかのような動きをみせた。しかし、当初保険や福利など経済的要求を掲げて立ち上がった季節労働者・契約労働

者の造反に支持を与え、それを利用し、全総を活動停止に追いやった中央文革小組も、労働者の経済的要求が社会の混乱をもたらすに及び、彼らを切り捨てた。党中央は、こうした動きを、極左分子が資産階級分子と結託し、物質的刺激により労働者を扇動して行っている「経済主義」であり、厳粛な政治闘争を卑しい経済闘争に転化させ、「資本主義」を復活させようとする「一握りの資本主義の道を行く実権派」の企てであると位置づけ、1967年1月11日には「経済主義反対に関する通知」を発し、経済問題に関し、中央が新しい方法を示すまでは暫時変更を行わないこと、各級銀行・国家機関・国営企業・事業単位・集団経済単位は、国家の規定に反するすべての支出について支払いを拒絶しなければならないこと、集団所有制の企業・手工業合作社・合作商店などは当面国家所有制に変えてはならないことなどを通達した（有ほか主編、1993：381）。

おわりに——中国の「社会国家」建設と社会の連帯

　以上に述べたように、中国の1950年代前半期を特徴づける「労働保険条例」実施の試みは、社会保障を通じて労働者の間に国家規模の社会的連帯を形成し、国民統合を実現するための一大事業であった。同条例の起草・実施を統括した李立三は、対内的・対外的危機下において労働者を幅広く国家の下に糾合するために、排他的性格を免れない党とは一線を画し、かつ企業経営を担う行政や資本家と異なる立場から労働者の利益増進を図る、中央から基層に至る指導系統を有する工会組織を建設し、労働保険業務を担わせる構想を推し進めた。国家統合を念頭に置いていたからこそ、党や行政から自律的な工会を軸に、連帯に基づく「公共」を構築しようとしたのであった。多様な経済の共存を前提とした国家建設を目指す指導者のみならず、毛沢東も当初は、労働者の糾合に資するという観点から李の構想に合意を与えていた。しかし、保険という利権を党・政府から自律的な工会が掌握する体制が構築されるにつれ、社会主義イデオロギーの下での党・国家・社会の一元化を主張する勢力は、労働保険を支える工会の組織系統を破壊するとともに、大衆運動を通じ、労働者福祉という保険を支える価値規範そのものを、労働者を

腐食するものと批判していった。そもそも制度構築のためのリソースに乏しかった地方や基層では、工会は当初より地元の党・政府に全面的に依存して活動するよりほか選択肢がなく、中央以上に路線闘争の影響を被り、思想的混乱に陥った。利権に群がる幹部や利益を求める労働者の手によって、労働保険は制度と規範の両面から弛緩し、労働者の間に不信と不満を残し、破綻するに至った。

　その後、改革開放政策の下で、中国政府は再び、「社会国家」構築の試みを始動させた。1980年代以降、社会保険制度の再建が進められ、1990年代を通じて各種保険制度が整い、2010年には「中華人民共和国社会保険法」（以下、「社会保険法」）が公布された。社会保険の実施統括は、政府行政部門が担うこととなり、工会の役割は、社会保険に関わる重要事項の検討、社会保険監督委員会を通じた監督に限定された（「社会保険法」第9条）。また、一連の過程においては、国家および企業に加え、加入者個人も保険料を負担する方向に転換が図られると同時に、社会保険の統合を県レベルから市・省レベル、さらには全国レベルへと引き上げることが目指されている[8]。しかし、保険制度が生み出す利権構造にメスを入れ、広域統合を実現するのは非常に難しい（石原、2003）。社会保障の分断により「社会の分化が助長され、政府の執政の合法性が消散し、国家が合法性の獲得において苦境に立たされ」る状態は変わらない（袁、2013：66）。

　社会国家の構築は容易ではない。中国のように広い国土と多くの人口、地域の多様性を有する国においてはなおさらである。1950年代後半から、物質的・経済的欲望を否定し、極度の精神論に依拠したイデオロギーと熱狂的大衆運動が中国を席巻した背景には、社会国家建設に対する毛沢東の失望と、国家規模の社会統合への焦りがあったのではないだろうか。そして今日の党によるナショナリズムの鼓舞もまた、社会政策の実施を通じた連帯の醸成——国家と「私」を結ぶ「公共」の形成——の代替手段としての意味合いを有しているのではないだろうか。

1）　社会統合の推進は、社会保障の果たす重要な役割の一つと位置づけられている（椋野・田中、2001：24）。

2) 「労働保険条例」全文は 1951 年 2 月 27 日付『人民日報』に掲載された。
3) 農村政策については 1950 年から 51 年にかけ、土地売買の活性化にともなう党員の富農化に対し、農民の互助合作さらには農業集団化を奨励し富農の出現を静止すべきとする高崗、毛沢東、陳伯達、党山西省委員会と、それを「空想的農業社会主義」であり時期尚早だとする劉少奇、薄一波の間で対立が生じた（薄、1991：198、中共中央文献研究室編、1988：476-477、李思慎、2009：297-298、林、2009：14）。
4) 李立三は、工会に関し、上級工会を除いては行政も党も工会に命令を下すことはできないとした。また、党・政府による工会幹部の任命・派遣制度を廃止し、工会経費を行政から独立させ、工会内の民主的意思決定プロセスを確立することにより、工会が真に労働者の利益代表として機能を果たすべきであると論じた（李国忠主編、1993：489）。
5) 鄧子恢は 1950 年 7 月 19 日、中南総工会準備委員会拡大会議の場で報告し、公営企業においては工会と行政の基本的立場は一致しているが、具体的立場には異なる点があるとした（『中国工人』1950 年第 7 期）。
6) 鄧子恢も、同年 12 月末に中南局会議で自己批判するとともに毛に反省文を書いた。
7) 1963 年 4 月、北京市総工会と市財政局は、「労働保険条例」の実施を批准されていない企業単位による労働保険金の受領を禁止する旨通知した（北京市総工会『工会志』編輯部編、2000：323）。
8) 「社会保険法」には、「基本養老保険基金は、徐々に全国的な統一運営を行う。その他の社会保険基金は徐々に省レベルの統一運営を行う」（第 64 条）と規定された。

参考文献
日本語
石原享一（2003）「中国の社会保障制度改革と社会統合―市場化と地方主義の狭間で」『アジア経済』第 44 巻 5-6 月号。
エスピン－アンデルセン、イエスタ著／岡沢憲芙・宮本太郎監訳（2001）『福祉資本主義の三つの世界―比較福祉国家の理論と動態』（MINERVA 福祉ライブラリー 47）ミネルヴァ書房。
齋藤純一（2000）『公共性』（思考のフロンティア）岩波書店。
新川敏光編著（2015）『福祉レジーム』（橘木俊詔・宮本太郎監修『福祉＋α』8）ミネルヴァ書房。
高岡裕之（2011）『総力戦体制と「福祉国家」―戦時期日本の「社会改革」構想』岩波書店。
椋野美智子・田中耕太郎（2001）『はじめての社会保障―福祉を学ぶ人へ（第 8 版）』有斐閣アルマ。

中国語
北京市労働局編（1973）『労働工資文件選編（工資福利部分）』北京：北京市労働局。

北京市総工会『工会志』編輯部編（2000）『北京工会志』北京：北京市総工会。
薄一波（1991）『若干重大決策與事件的回顧（上巻）』北京：中共中央党校出版社。
当代中国叢書編輯部編（1987）『当代中国職工工資福利和社会保険』北京：中国社会科学出版社。
当代中国叢書編輯委員会編（1997）『当代中国工人階級和工会運動（下）』北京：当代中国出版社。
杜万啓主編（1991）『新中国工人運動史』北京：中国鉄道出版社。
匪情研究雑誌社・匪情年報編輯委員会編（1968）『一九六八匪情年報』出版社不詳。
労働部工資局編（1964）『工資福利工作文件匯編（1962年度）』北京：労働雑誌社。
李国忠主編（1993）『中国共産党工運思想文庫』北京：中国工人出版社。
李思慎（2009）『李立三後半生（上）』香港：大山文化出版社有限公司。
林薀暉（2009）『中華人民共和国史（第二巻）向社会主義過渡：中国経済與社会的転型』香港：香港中文大学当代中国文化研究中心。
王永璽主編（1992）『中国工会史』北京：中共党史出版社。
王漁・李双寿・尚鴻志・張伯亭主編（1989）『当代中国工人階級和工会運動紀事』瀋陽：遼寧大学出版社。
新汶鉱区工会編（1994）『新汶鉱区工運紀事（1948-1993）』済南：山東人民出版社。
有林・鄭新立・王瑞璞主編（1993）『中華人民共和国国史通鑑（第3巻）』北京：紅旗出版社。
袁同成（2013）「合法性機制転型與我国政府福利責任承諾変遷」『学術界』2013年第3期（総第178期）。
『中国工会運動史料全書』総編輯委員会・『中国工会運動史料全書』浙江巻編委会編（2000）『中国工会運動史料全書（浙江巻上巻）』北京：中華書局。
中共中央文献編集委員会編（1991）『劉少奇選集（1950-1965年）』北京：外文出版社。
中共中央文献研究室編（1988）『建国以来毛沢東文稿（第二冊）』北京：中央文献出版社。
―――編（1992）『建国以来重要文献選編（第二冊）』北京：中央文献出版社。
中華全国総工会編（1995）『中華全国総工会七十年』北京：中国工人出版社。
中華全国総工会弁公庁編（1989）『建国以来中共中央関於工人運動文件選編』北京：中国工人出版社。
『人民日報』
『工人日報』
『中国工人』

英語

Dillon, Nara (2015) *Radical Inequalities: China's Revolutionary Welfare State in Comparative Perspective*, Cambridge, Massachusetts and London: Harvard University Press.

Perry, Elizabeth J. and Li Xun (1997) *Proletarian Power: Shanghai in the Cultural Revolution*, Boulder: Westview Press.

第Ⅱ部

地域の共同性と公論形成

第5章

郷里空間の統治と暴力
―― 危機下の農村における共同性の再編と
　　地域自治政権

山本　真

はじめに

　近年、欧米により築かれ維持されてきた秩序（法治）や価値観（憲政・民主主義）に異議を呈する中国の強い姿勢が国際社会において顕著化してきている。地政学的に一衣帯水の隣国として中国に向き合わねばならない我が国としては、ときとして西洋や日本の概念からは理解困難な中国の"ふるまい"の奥底に存在する独自の秩序感覚・価値観、つまり政治文化[1]や社会の特性を冷静に研究しておくことが必要と思われる。

　さて、本書第Ⅱ部のテーマは「地域の共同性と公論形成」である。共同とは複数の人や団体が同じ目的のために一緒に事を行うことである。そして中国の地域社会での共同性については、日本の村落におけるように閉じられた空間にそのメンバーや範囲が固定されるとは限らないこと、そして首唱者に対して周囲の人たちが唱和することにより"生成"され、その効力が及ぶ範囲も柔軟なものであったことが寺田（1994）により指摘された。また上田（1990：168）も、「村の中には同族関係・行政組織などの回路が形成されており、この回路に電流が流れるとそこに一つの磁場が成立する。この磁場のなかで砂鉄に譬えられる農民は、秩序をもった社会統合を作り出すのである」と、電流と磁場の比喩を用いて社会結合の様態を説明している。このように中国での共同性の特徴は柔軟さや事に臨んでの応変性に見出されるかのようである。

そこで、本章では匪賊の襲撃や地方軍事勢力による収奪という激震が人々を襲った民国時期の河南省南西部（宛西と呼ばれる）農村を考察対象として、上記の共同性に関わる議論の有効性を検証したい。具体的には、在地の指導者が自衛を軸に既存の社会関係を再編し、地域主義的[2]な自治政権（以下、自治政権と記す）を構築した過程を分析する[3]。共同性を抽象的に論じるのではなく、歴史（時間）と地理（空間）の特定の文脈に落とし込み、人々の行為と関連づけて、その特質を論じたい。

　加えて、自治政権がいかにして正統性（統治の合法性）を獲得したのかについても考察する。溝口雄三は、中国の朝廷・国家は、公正、公平といった「公」によって自らをオーソライズしていたとする（溝口、2011：206）。さらに「公」には、己れとともに他をも共存せしめるという意味で民衆の生存権の保障も含まれる（溝口、1995：59-63、79、173、217）。そうであるならば、政権の正統性はこの「公」を保障することにより承認されることになるだろう。本章で展開する自治政権の正統性についての議論では、溝口によるこの「公」の定義を踏まえることにしたい。

　さらに留意したいのは、中央政府と自治政権との関係性である。中国の政治思想を規定した儒教では権威の単一性が重んじられてきた。たとえば『春秋』の注釈書『春秋公羊伝』に「大一統（一統をとうとぶ）」という概念があり[4]、政治的には中央集権を擁護する思想となってきた（横山、2002：104）。その一方、社会が危機に陥るたびに分権の有効性が繰り返し提起されてきたことも看過できない。たとえば、明末に地方官が流賊や満洲族に何の抵抗もせず四散する一方で、身をていして郷土と民を守ったのは土着の勢力であった。このことを重くみた明末清初の学者顧炎武は、郡県制度（中央集権・専制）に対する封建制度（分権）の利点を主張した。また清末に太平天国軍の侵攻から郷村を守った郷紳による団練を評価した清末の学者馮桂芬の議論も同様の視点を包含する（増淵、1983：183-190）。

　顧炎武や馮桂芬による分権（封建）への評価の一方で、中華民国前期の軍事勢力による割拠を克服せんとした国民党や共産党は、党の主義を唯一の正統イデオロギーとして集権を強く志向した。これについて溝口は「中国は中央集権国家を成立させたことにより、清末以来の悲願であった民族の統一と

国家の独立を達成したというその反面、下からの選挙による『一般平民』の地方自治への参加、ひいては国民の国政参加への夢を不完全燃焼に終わらせ、逆に共産党や国民党の一党独裁と官僚政治を長く温存してきてしまった」と批判する（溝口、1989：113）。

　本章では、在地での共同性に基づき樹立された自治政権と集権化を推進せんとした国民党政府との間でいかなる摩擦や衝突が生じたのかについても検討を加えることにする。これにより、「集権と分権」や政治的多元性に関わる問題について、民国史の文脈から幾分かの知見を提示したい。

I　民国時期、河南南西部における治安の悪化と地域自治政権の創設

1　治安の悪化と地域社会の揺らぎ

　民国時期は、上海や開港場などの沿海部・長江沿江部、そして鉄道沿線にあっては新たな経済発展がみられた一方で、内陸部や周縁化された地域での混乱や荒廃には凄まじいものがあった。アメリカ人ジャーナリストのアグネス・スメドレーは次のように描写している。

　　（黄河流域は：引用者）よく戦場となったり、「中国の悲しみ」である黄河が氾濫して、飢饉になやまされたりする地方である。何百万という農民たちが、なんどもなんども、たえずその家庭から追い立てられた。どんぶり一杯の素麺や飯のために、百姓たちはその土地を軍閥や地主や役人に売りはらった。彼らの一番大事な財産――原始的な農耕具さえも、市場で物々交換しなければならなかった。彼らの息子たちは、親たちの食べる米をかせぐために軍隊に流れ込んでいった。妻や子どもたちは召使として、娘たちは淫売婦や妾として売りとばされた。ひもじさに駆られて、農民たちは、自分たちが食っていくだけのために、灌木や樹木を薪として売りとばして、その土地をまる裸にしてしまった。雨が降っても、木が一本もないために、水が土中にとどまっていない。黄河は氾濫し、その地方を荒廃させた（スメドレー、1976：57-58）。

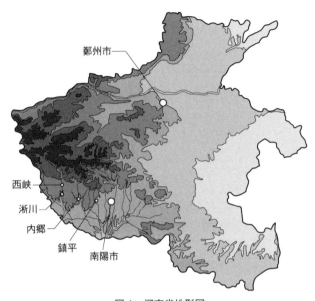

図1　河南省地形図
出典：『河南省地図冊』（2005）北京：中国地図出版社。

　そして食い詰めた人々には生きるために匪賊に加わる者も多かった。1922年9月の新聞は、「土匪世界の河南では、匪の数は12万に達する」と報じていた（「土匪世界之河南　匪数達十二萬」『民国日報』（上海）1922年9月13日）。1929年4月に河南南西部では、王太という頭目が率いた3000人余りの匪賊が、赊旗鎮で住民100人余りを殺傷、無数の女性を強姦し、「肉票」（身代金を要求する人質）として男女数百人を拘束した（『南陽地区志』：47）。さらに同年9月には匪賊2万人が鎮平県県城を陥落させ、県長を拉致・殺害する事件を引き起こした（『鎮平県志』：34）。
　治安が日増しに悪化していくなか、清末以降人々は村落を土壁で囲う寨（砦）と呼ばれる防御機構を構築し、生命と財産を守ろうとした（顧建娣、2004）。

　　河南及湖北北部では、小村舎を除き、中等以上の農民は悉く寨内に集合居住し、以て土匪の災害を避ける。一寨の大きさは、小は二百戸、大は二

千戸に達するものもある（中略）泥土の牆壁が普通となっている（金陵大学農学院農業経済系編、1940：10）。

では、村落防衛のための寨はいかなる社会結合に依拠して維持されたのだろうか。ヒントとなるのが河南の自衛的結社紅槍会を研究した三谷孝の次の見解である。

　同族でも近隣でも、あるいはまた経済的利害のからむ別の紐帯であったとしても、なにか一つの結合原理をもって華北村落の性格を規定することには多くの困難がともなう。むしろ、それが臨時に結ばれた結束力の弱いものであっても、村の中にさまざまな種類の"関係"が流動的に併存している状態の方が、新たな状況の変化に柔軟に対処できる"強み"の源泉にもなっていたといえるのではなかろうか。このような"関係"は、日常的には当然に既存の社会秩序を前提として結ばれることになる（三谷、2013：116）。

三谷が指摘する「既存の社会秩序」については、河南南西部のうち伏牛山麓に位置する内郷県の事例から確認する。ここでは「大禁頭、小禁頭」と呼ばれる有力者が村落での自衛を司り、さらに数村がまとまって寨を維持していた。また寨の凝集力については次の原理が指摘されている。①家族寨＝同族を基盤とするもの、②聯営寨＝数戸の地主・富戸により連合して維持されるもの、③群建寨＝有能な人物を公に推薦し首領としつつ、民衆を基盤に運営されるもの。そして、寨には寨主がおり、寨勇（義勇兵）を駆使した。寨主は地主や有力紳士、宗族の族長であり、臨時税・徭役＝保護費を地域の人々に割り振り、訴訟を処理し、私的に警察権を行使したという。寨勇の供給源は地主の小作人、使用人、雇われた遊民、地域の住民などであった。地域ごとの自衛団が階層的に積み重なり、県には「県団総」が置かれ、一県の自衛団を統括したのである（『別廷芳事録』4、78-80；江、1994：44-51）。なお河南南西部の内郷、鎮平、淅川3県での伝統的社会紐帯については別稿でより詳しく論じる予定であるが、宗族や民間信仰結社（火星社）による伝統的

結合が一定程度発展していたことを現地調査に基づき、すでに確認している。

2　伝統的紳士の権威の失墜と新興エリートの台頭

　行論の関係上、ここで清末から民国前期にかけての国家－社会関係、地域における権力関係の特徴を一瞥しておきたい。著名な社会学者である費孝通は、伝統社会においては、儒教の教養を身につけた紳士が上位下達と下意上達の双方向性的機能を担い王朝の統治を社会で下支えしていたと捉えている（費、1999：337-343）。しかし清末に科挙制度が廃止されると、儒教的教養をもつ旧紳士階層は徐々に社会的影響力を喪失していった（王奇生、2010：319-323）。さらに清朝が倒れ、新たに成立した中華民国もストロングマン袁世凱が死去すると、軍事勢力による割拠状況に陥った。北京政府は地方を実行統治できず、国家権力は退縮した。

　この時期、軍事勢力が社会からの収奪を強めたが、旧紳士の一部は外来勢力に加担し、徴税の代理人を務め、地域の人々の憎しみの対象となった。これをP・ドゥアラは利益追求型のブローカー化と比喩している（Duara, 1988: 2章、3章）。内郷県の事例では、清末から民国初期の人物張光銑は、広東常寧県の県知事、内郷県の清郷総局局長（自衛団の総司令）を歴任した有力者であった（『内郷県志』：803-804）。しかし、「田某（田作霖－河南前路巡防統領：引用者）は内郷の最も悪劣で恥知らずの紳士張光銑をして法を執行する営務処職員とし（中略）富戸から数万金を収奪した」「内郷官兵悪於土匪」『大公報』（天津）1917年3月25日）と摘発されたように、張光銑は外来の軍事勢力の代理人と化していたとみなされた。

　こうした収奪は政治的特権をもたず重税を一方的に課された在村の地主層からの強い反発を招くことになった。結果、内郷県では在村地主層を中心とする上山派（県北部の山地を基盤）と下山派（県城を含む平原部）の政治対立が発生した（『別廷芳事録』：25）。このときにあたって、在村地主を代表したのが県西北の陽城郷張堂村出身の別廷芳（1883-1940）であった。別廷芳は小地主階層の出身、学歴は私塾に過ぎず、若い頃は遊興無頼と徒党を組んだ。しかし自衛団に参加して以降頭角を現し、県城の旧指導層を排除して、1927年に地域の実権を掌握するに至った（『内郷県志』：786-787）。旧来の紳士層

図2　別廷芳(1883-1940)

図3　別廷芳の故郷、陽城郷張堂村（現在は西峡県属）
(2016年3月筆者撮影)

が権威を失墜するなかで、新式の軍隊や地方の自衛団（民団）などの武力を背景とする新興エリートが宗族、村落や民間信仰からなる既存秩序を再編することで台頭したのである。

　別廷芳は、先に挙げた張光銑の後継者張和宣（全県民団総理）と対立した後、1926年冬に張を駆逐することに成功した。さらに、自分を軽視してきた県視学や師範校長、教育局長などの県城の知識人たちを排除するのに加えて、1928年には自分に反対する県長を殺害するに至った（『内郷県志』：203）。こうして別廷芳とその一党は在地に根差した地域権力の樹立と社会の安定化を目指すことになったのである。

3　県を範囲とする政治共同体＝自治政権の成立

　別廷芳を主唱者として成立した政治共同体＝自治政権の性質を考えるに際しては、それに先駆けて自治事業に先鞭をつけた隣県鎮平出身の彭禹廷（1893-1933）の事績を確認しておく必要がある。彭は、北京匯文大学を中退した後に、馮玉祥将軍の護衛隊書記官に就任、1927年に国民革命軍第二集団軍の高等執法官となった。1929年には河南村治学院を河南省輝県百泉に発足させ、郷村建設運動で全国的に名を馳せることになる梁漱溟とも交流した（梁漱溟、1986）。1929年に鎮平県城が巨大化した匪賊に襲撃されると、

その翌年に内郷県の別廷芳、淅川県や鄧県の在地指導者らと連合し、宛西地方自衛団を結成した。以降、殺害される1933年まで、鎮平県における自治運動を主導したのである（『鎮平県志』: 991-992）。

彭の政治理論の特徴は、孫文の民族、民権、民生の三民主義を県レベルで実行する縮小三民主義である。その主旨は自衛（民族主義の代替。外国からではなく匪賊から郷土を守る）・自治・自富であり、次の説明が付されていた。

　　各県には各々の三民主義があるのであって、「甲県の三民主義」を無理に乙県に適用することはできない。（中略）鎮平県には鎮平県の三民主義がある。鎮平県を救いたいのなら鎮平県の三民主義を研究しなければならない[5]。

このように県ごとの特性に根差した自治が唱えられた。さらに1930年には外来の県長を殺害し、統治の合法性を地域社会内部に求めたことも特徴的である[6]。すなわち、県政府に代わる実質的な政権機構である自治委員会を設立し、1931年には基層行政組織の末端に位置する隣長を各戸の投票で選出し、隣長がその上級の閭長、閭長が郷鎮長を選ぶ間接選挙を実施した。さらに県の下に設けられた各区の区長選挙では、まず自治委員会が区ごとに3人の候補者を選出し、次に隣長・閭長、小学教員、完全小学校卒業生のうち16歳以上の者に選挙権を与えたのである（鎮平県自治区自治辦公処、1933: 8、14）。

ところで限定的に住民の政治参加を認める一方で、「代議制のごときも欧米各国ではどれほどの欠陥もないが、ひとたび中国に来ると議員は豚の子のようになってしまう」[7]と述べたように、彭は欧米式の議会制の導入に対しては強い警戒心を抱いていたことは見過ごせない。なお、彭は反対派によって、1933年に志半ばで暗殺されたが、自治事業の主導権は内郷県の指導者別廷芳に受け継がれ、別が宛西地区数県における自衛的自治の盟主的存在となっていった。

Ⅱ　自治の内容

1　自衛のための武装＝民団

　別廷芳が権力を偏握してからも内郷県においては、既存の県政府自体は廃止されず、県政府の外側に自治機構を樹立し地元人士が実権を掌握する方式がとられた。たとえば、民事訴訟については民衆が県政府に訴え出ることを許さず、一切の民事訴訟の対応や税の徴収は民団司令部が専管した。また区長、郷長、保長、小学校長の任免にも県政府を関与させなかった（『内郷県志』：204）。ただし、1930年代以降、地方への統制を強めようとした国民党の河南省政府主席劉峙はこうした状況を地方勢力の割拠とみなし、不快感を露わにしていった（詳しくは後述する）。

　別廷芳を指導者とする自治権力の根幹は武力にあり、地域民衆が自ら銃を取る常備民団と後備民団に依拠していた。常備民団は志願制と義務兵役から構成され、ともに兵士は朝晩の訓練以外の時間は工場で働き、その賃金が給与とされた。義務兵役には18歳から35歳の農民が各保から1人ずつ招集され、1期4ヵ月の訓練を受けた。訓練終了後は期間半年で常備民団に服役し、その後は家業に戻り後備役となった。訓練では軍事以外に『農民千字課』（識字テキスト）や各種の読み物（衛生、造林、治河、品種改良など）を通じて社会教育が施された。すなわち軍事訓練と社会教育が一体化されていたのである[8]。常備民団は1933年段階で8000人を擁し、河南随一の民団の力量とみなされた（行政院農村復興委員会編、1934：74）。民団は匪賊から地域を防衛するだけでなく、1934年11月に徐海東率いる紅25軍が内郷に迫った際には、これを迎撃する実力を備えていた。結果、紅軍は当地での根拠地建設をあきらめ、陝西省東部の商洛地区へ転進していった（陳・徐編著、1992：174）。

2　保甲制度を通じた民衆の管理・統制

　1930年から10戸で1甲、10甲で1保、10保を1聯保とし、聯保以上には区を設置する保甲制度が導入された。村の富戸から保長が、富裕あるいは人口の多い家から甲長が任命され、訴訟の調停にはかつて村の自衛団指導者

（大禁頭）を務めた人物が調停員に任ぜられた。つまり内郷での保甲制度では、在村地主や富農層などにより形成されていた伝統的な社会秩序に依拠しつつ統治が行われたといえる。ただし後には自治政権により設立された宛西郷村師範学校（以下、宛西郷師と記す）の卒業生が保長に充当されたことは行政の近代化・制度化の表れとみなせよう（江、1994：43）。

　注目されるのは実質的に戒厳令に相当する治安管理が導入されたことである。人口流動の管制がとくに厳格であり、聯保から出る際や聯保内でも夜間に外泊する際に必要な「出門証」、外県人が入境し旅社や個人宅に宿泊する際に保長が発行する「通行証」、外県人が内郷に移住、定着するのに必要な「遷移証」、さらに行商の許可証「小販証」（許可のない外境の者は商売できない）、乞食に対して発給される「乞食証」などの管理策が導入されていった（「防止漢奸匪盗辨法」別廷芳編、1938：12-17）。これにより匪賊だけでなく、共産党員の活動も規制された。内郷の共産党員は1929年に30人以下であり[9]、1934年11月には別廷芳の本拠地である内郷県西部の西峡口での暴動を企図したが、これは簡単に鎮圧された（中共南陽市委党史研究室編著、1997：174-175）。

　また治安を維持するためには、自衛団を速やかに移動させる必要があり、道路の建設・維持と電話の架設が注力された。道路の路面の管理では、雨後には砂を撒き、雪の後には除雪することを保甲の人々に義務づけた（羅・別、1935：218-219；王撫洲、1970：61-63）。これにより内郷の治安は大幅に改善されたという。別廷芳自身「保甲制度の法は良く、その意図はすばらしい。これを真面目に実行すれば、『夜不閉戸、路不拾遺（夜に戸を閉ざさず、路に落ちたるを拾わず）』の盛世を実現することも難しくはない」と語ったという[10]。なお「夜不閉戸、路不拾遺」は『礼記』「礼運」篇にある「外に戸を閉じず、これを大同という」に基づいており、伝統的に治世の目標とされてきた社会状況である[11]。自衛団の頭目からのし上がった別廷芳のような武闘派が『礼記』に由来する文言を語った（あるいは語らねばならなかった）ところに伝統に根ざした政治文化のもつ規範性が表出しているように感じられる。

3　土地調査と課税の公平化

　土地測量による土地情報の掌握と課税の公平化が1929年より開始された。別廷芳は調査の目的を「賦税を均しくし、負担を平らかにする」と強調した。というのも「以前は、区長や保長、その親戚、勢力のある者は税を払わず、金はあるが勢力のない者や貧しい民衆がこれを負担させられた」からである（「自序　乙　地政整理」別廷芳編、1938）。これは先に述べた上山派と下山派の対立の原因でもあったといえる。土地調査により、全県の土地面積を把握するとともに、等級ごとに課税額を定めた結果、全県の課税額も60〜70%増加した（『別廷芳事録』：110）。土地調査には課税の公平化のみならず、自治政権による税源の掌握という思惑があったのである。

　ところで、別廷芳は「共産党は人と共産する。我々は天と共産する」と語ったという（寇、1983：7）。共産党による土地改革は「すべての人の生きることへの保証という論理」に裏打ちされていたと解釈されるが（加藤・野村、1972：311）、別廷芳にあっても負担の公平化は自衛に次いで民衆の生存保障の重要項目であった。

4　経済の振興と民生の改善

　民衆の生存保障のためには生産力の向上が必要であり、大規模な治水事業と土地造成が実施された。内郷県西部の西峡口の北方では保甲制度を通じて2000人を無償で動員し、全長12.5キロメートルの堤防石龍堰（別公堰、図4参照）を建設し、河川周辺の耕地7000畝（約466ヘクタール）を保護した[12]。その他、1930年代前半に総延長240キロメートルにのぼる堰を統治地区内で建設した（羅・別、1935：217）。このように県を単位とした自治政権により、個々の村単位では不可能であった大規模な土木工事が実現可能となった。民衆は保甲を通じて無償で動員された一方で、地域の公共財（社会資本）が形成され、住民に利益が還元されたのである。

　さらに人間の生存に不可欠な自然環境の保護にも関心が寄せられた。森林は雨水を調節し、堤防を保護するなどの水害を防ぐ機能をもっていたからである。1929年から33年にかけての農閑期に各区で民衆を動員し、河川の両岸に柳を植え護岸林とし、私人所有の荒山にも植樹を勧告した。また、経済

図4 石龍堰（別公堰）と西峡県山区（伏牛山麓）の景観
（2016年3月筆者撮影）

価値をもつ樹林では、1938年の統計によれば油桐（アブラギリ）20万キロ、漆7.5万キロ、薬材200余種400トンなどが生産された（羅・別、1935：220；『内郷県志』：205）。

産業の振興では、地元製品の増産を推奨するだけでなく、輸入・移入製品を排斥することにより、地域の利益を優先する保護主義が採用された。たとえば、タバコや染料の藍について地元製品を奨励する一方で、外来品の輸入・移入を禁止した。さらに全県の綿種をアメリカ綿に置き換え、産量を30～50％増加させる一方で、内郷県人には地元産の土布を使った衣服の着用を強制した（陳浴春、1990：129）。このほか内郷民団司令部は銅銭を単位に流通券を発行した。この地方貨幣は、中央政府の幣制改革により法幣が普及した後も継続して発行され、日中戦争終了後まで使用されたという（劉紹明、2007）。

ところで、自治政権の大きな財源となったのはアヘン栽培であった。当時の地理書は次のように述べている。「内郷県は熊耳、伏牛山の南にあり、山が連なり平地は少ない。穀物も豊かではなく、住民は芋を主食とする。西峡口と馬山口は漆などの山貨の集積地として賑わっていたが、近年は山麓に植えられたケシから作られたアヘンの集積地となっている」（呉、1927：162-163）。1930年から34年までは貨幣あるいは実物でアヘン税が徴収された

(『内郷県志』：19)。その後、国民党政府によりアヘン禁止が厳しくなっていくと地域住民にはアヘンの禁煙を布告する一方で、なおも吸引する者からは罰金を取り立てた[13]。ただし禁煙実施後も、アヘンは山地で継続して生産され、経済収入の来源として外地に販売され続けていたようである（張和宣、1981：37；杜、1984：73）。このことは地域的利益の追求というエゴイズムが顕著に表れた事例といえるだろう。

5　教育を通じた人材の育成と愛郷心の涵養

　自治政権で働く人材を育成するために宛西郷師が1932年に設立された。その師範班卒業生は教員に、自治班卒業生が保長や聯保主任に充当され、1948年までに2000人の学生が巣立ったという（『内郷県志』：19、615；張和宣、1981：42）。つまり宛西郷師の卒業生には自治政権への参加資格が付与されたと解釈できる。政権への参加資格が特定の宗族や村の成員に制限されるのではなく、新式学校の卒業者に広げられたことは、県を範囲として成立した政治共同体が統治の合法性を獲得するうえで重要な意味をもったと推量される。

　なお、別廷芳は元来反共を標榜し、実際に厳しい取り締まりを実施した。その一方で、宛西郷師は元共産党員であった羅卓如（河南商城県人）や国民党左派出身の王扶山（鎮平県人）のような社会改良に熱心な人々を教員として採用した（王国謨、1988a、b；江、1989）。自治政権による地域の開発政策はこうしたブレーンたちに依拠するところが大きかったようである。人材採用においてはイデオロギーより実利性が重視されたといえよう。

　また、ナショナリズムよりも地域主義が優先されたことについては次の逸話が興味深い。別廷芳は講演において「先に地方を愛し、後に国家を愛す。地方を愛することは国家を愛することだ」と明言していた（張明道、1997：148）。そして民団の兵士を構成した一般民衆にも新たな政治共同体への帰属意識・忠誠心を求めていた。民団訓練での教育用の『民衆識字課本』には「河辺、山間は青一色、橡、楡、桐、柳は尽く萌えんとす。沙灘を改作し良田と為して耕作し、傾斜地を翻して平地とする。稲を植え、綿を植え、藍も植える。労働者となり、読書人となり、亦兵士ともなる。さらに機械を使い

開発を謀る。理想が完成し、百業が興こる」と、愛郷心を呼び起こす文言が収録された（江、1994：43）。

さらに別廷芳は官僚が本籍地に赴任することを認めない伝統的な本籍回避の制度を批判した。外籍の官僚は「当地の実際の状況に不案内である」と断じる一方で、「祖先の墳墓があり家族がともに農村にいるため、本籍の人間ならば終身当地で事業に精励する」と、本籍人士を評価した[14]。地域に根をおろした人物によってこそ、地域の振興が成し遂げられると考えたのである。このように自治政権では幹部の土着性や民衆の愛郷心が重視された。そして、このことは外来の知識人が農村に入り込み農村の改良を指導した晏陽初の中華平民教育促進会（以下、平教会と記す）や梁漱溟の山東郷村建設研究院などによる郷村建設運動と宛西での自治が大きく異なった特徴といえるだろう。

ただし、当時平教会は開明的な教育団体として全国的に名を馳せ、郷村建設運動も穏健な改良主義の方策として社会から肯定的に評価されていた。それゆえ内郷や鎮平からも郷村建設の団体による全国的会議である郷村工作討論会に代表が派遣された（山本、2003）。また宛西郷師の設立に際しては、その設計が平教会に委託され同会訓練委員会主任の孫伏園や張含清が内郷に招かれた[15]。これは宛西における自治事業が土豪・劣紳による支配ではなく、合法的、開明的なものであることを広く宣伝する戦略であり、宛西郷師の教員であった羅卓如が建議した計画であったという（王国謨、1988a：17-19）。

6　地域自治政権と正統性

郷村工作討論会への参加や対外宣伝にもかかわらず、1930年代、外部の左派知識人のなかには豪紳と民団による「殺」と「罰」の支配とみなして、宛西での自治を強く批判する者がいた[16]。また、私的権力による専制、土豪・劣紳的統治として批判し、負担があまりに重いため、離村する民衆がいると非難する報告もあった（行政院農村復興委員会編、1934：115）。確かに別廷芳が粗暴であったことは否定できないだろう。平教会から内郷へ派遣された張含清も別が口癖のように「打」という言葉を使ったと記している[17]。その一方で、当時からその統治を高く評価する声があったことも事実である。

図5　内郷県にある宛西地方自治館
（2016年3月筆者撮影）

河南省政府の視察員王春元は次のように報告していた。

　別君香齊は、匪賊が大群となり、状況の迫るところにより、民団の事業を処理することを任された。このとき人民の心理はひたすら安全な暮らしを求めており、たとえ出費の負担が重くなってもそれを望んだのである（中略）該県の一般民衆によれば、当時徴収した金額は概ね地方の保衛および地方建設に用いられ、私人が途中で横領するということは決してなかった（王春元、1936）。

たとえ負担は重くても別廷芳の政権がそこからの利益を私物化しなかったことが評価されていることは注目に値する。その他、地域の人々が今日において共有する記憶のなかでも、指導者として肯定的な印象が語られた[18]。さらに現在、宛西自治の事績を顕彰する記念館が内郷県に設立されるとともに（図5参照）、別廷芳の事績を好意的に叙述する伝記が郷土史家により著されている（陳景濤、2005）。こうした評価には地域振興への実利的思惑が含まれると思われる。それでも人々が別廷芳を好意的に捉えていることは無視できないだろう。

Ⅲ　地域主義（分権）と党国体制（集権）との矛盾

　1930 年の中原大戦において蔣介石が馮玉祥に勝利すると、蔣介石派の軍人で江西省出身の劉峙将軍が河南省政府主席として着任した。しかし省政府がただちに河南省を隅々まで統治できたわけではない。それゆえ劉峙は「土劣が政治を把持しており、郷村に武断し、政府の各種法令は県政府までで、民間には届かない」（劉峙、1933）と危機感を露わにした。また「調査したところ、各地の豪強や不法軍人は往々にして税収を把持し、（政府の）税政を破壊している」[19]と、自治政権の合法性を否定した。さらに劉峙は回顧録において「人民を安居楽行させるために匪賊を討伐すると同時に、地方の悪勢力を取り除いた。元来命令に従わなかった内郷、鎮平、淅川の自治組織はこれを取り消し、省政の正規の軌道に取り込んで、吏治を整頓した」と自賛している（劉峙、1982：119-120）。国民革命以来、地方に割拠する軍閥を打倒し、国家を統一することを標榜してきた国民党のエリート軍人の目には、別廷芳の自治政権は単なる土豪劣紳による割拠勢力と映ったようである。

　しかし、河南と湖北、安徽の省境に築かれた鄂豫皖根拠地において共産党勢力の活動が継続する 1930 年代前半にあっては、省政府には地方の隅々まで軍事的に介入する余力はなかった。一方、別廷芳の自治政権は南陽に駐在した行政督察専員や省政府内の一部高官と関係を取り結ぶと同時に、平教会とも戦略的に提携し、存立の合法性を宣伝した。さらに反共の姿勢を示すことで党国体制内での生き残りを図った（王国譓、1988a：67）。その結果、劉峙は内郷や鎮平に対して県自治委員会の名称を地方建設促進会と変更させただけで、実質的に自治政権の存続を黙認せざるをえなかったのである（陳・徐編著、1992：160）。

　日中戦争時期も開戦当初は、抗日統一戦線の旗が掲げられた。別廷芳は河南省政府により河南南西部 13 県の聯防主任に任命され、さらに 1938 年には武漢で蔣介石と接見し、河南省第 6 区国民抗敵自衛軍司令となった（『内郷県志』：21-22）。1939 年 5 月、日本軍が湖北から河南南西部に進攻すると、民団を率い正規軍とともに日本軍から郷土を防衛した。当時第 5 戦区の司令官として湖北北部に駐屯していた広西派の領袖李宗仁もその回顧録において

別廷芳とその民団の武勲を特記している（李宗仁、1988：562）。

　しかし日本軍の武漢攻略後、戦線が膠着状態に陥ると事情が異なってきた。1939年1月、国民党は「一人の指導者、一つの主義、一つの政党」の方針を確認し、蔣介石への権力集中を強化した（石島、1984：100）。さらに同年3月、国民党政府は国防最高委員会の指揮下に精神総動員会を設立し、「国家至上、民族至上、軍事第一、勝利第一、意志集中、力量集中」のスローガンを掲げ（菊池、1987：140）、戦時態勢下での集権化に注力した。河南でも中央の大軍が展開するなか、第1戦区司令であった衛立煌将軍が省政府主席を兼任し、第31集団軍総司令の湯恩伯も河南西部の葉県に司令部を置いたことにより、中央軍の将領の権勢が強まった。その結果自治政権との摩擦や圧力も増していった。

　たとえば、湯恩伯が河南南西部に密輸取り締まり部隊を派遣してきた際に、これに対して暗に妨害を加えたため、別廷芳の自治政権との間で対立が激化した。また自治政権は地域に役立つ左派人士を宛西郷師の教員として保護していたが、1939年以降は湯恩伯から共産党員擁護の疑いをかけられた（別炳坤、1990：134）。ただ、実際には別廷芳は1938年の段階で彭禹廷の同族であり中共河南省統戦委員会主任であった彭雪楓の働きかけを受け、共産党を攻撃しない約束を取り交わしていたという（封太運整理、1990：72）。その他、政府からの徴兵の要求に際して、民団に登録された強壮な男子に代わり、無業の遊民や逃亡兵を金銭で購入し中央軍に供出した（『別廷芳事録』：95）。こうした行為は自治政権にとっては地元精兵の温存や青年男子の保護の意味をもったが、中央軍からすれば国家に対して非協力的姿勢と映ったことだろう。これらの摩擦の結果、1940年2月衛立煌が洛陽で開催した軍事会議の席で政令と軍令の統一問題が議論されると、湯恩伯は別廷芳の自治を問題にし、軍令を破壊していると難詰した。別廷芳は臨席者の面前で酷い侮辱を受け、帰郷後に体調を崩して急死してしまったのである（顧恒、1989：72）。

　別廷芳という卓越した指導者を失うと、自治政権内では党派対立が発生した。別一族との競争の結果、別の部下であった劉顧三が自治政権の後継者となったものの、カリスマ性に欠ける劉顧三は、同姓である劉姓を重用する宗族的ネポティズムに頼って政権の維持を試みることになった（張和宣、

1980：172)。たとえば全県の劉姓の年長者を召集し字輩を制定し宗族の絆を強化したのである（『内郷民俗志』：128)。しかし、この過程で別一族との対立は激化していった。

　なお 1942 年以降、河南西部の伏牛山地区で共産党が活動を活発化させると、その組織を摘発するために国民党は伏牛山工作団と呼ばれる反共工作隊を派遣した[20]。加えて当時河南南西部には前線から多くの学校と学生が疎開してきており、これら学校内の左派分子を取り締まることも工作団の任務に含まれていた（『内郷県志』：792)。こうした圧迫下で、自治政権の関係者であり、河南南西部の南召県で活動していた知識人李益聞が伏牛山工作団により共産党員として殺害された。さらに同時期、湯恩伯将軍は宛西の民団を自軍へ収編することを画策した。結果、宛西各県の民団から 9 個団を湯恩伯の指揮下に引き抜くことと、伏牛山工作団への協力が宛西各県の指導者に強要された（李品清、1994：81)。このような圧迫の下、宛西郷師の羅卓如や王扶山も自治政権から離れることを余儀なくされた（王国謨、1988a, b)。このようにして別廷芳の指導下で形成されつつあった県レベルの政治共同体は、その死後、国民党からの圧力と内部で噴出した対立により急速に弱体化していったのである。

　ところで、別廷芳を圧迫した第 31 集団軍の将領湯恩伯であるが、日中戦争での河南民衆への対処は過酷なものであった。李宗仁の回顧録も湯恩伯の部隊の規律の悪さや民衆に課した負担の重さを記載している（李宗仁、1988：542-545)。追い打ちをかけるように 1942 年に河南では大飢饉が発生した。民衆の惨状に対して十分な救済措置が取られないだけでなく、農業税の穀物実物徴収にともなう重い課税が継続された（孟ほか編著、2012：68-69)。民心が国民党から離れるなかで、1944 年 4 月に日本軍が大陸打通作戦を発令すると、湯恩伯率いる河南の国民党軍は総崩れとなった。この惨敗を目の当たりにして、国民党内部からも軍と民との感情の乖離が敗北の原因であり、善後策として在地の自衛組織を重視すべきこと、地元の人材を重用すべきとの苦言が呈されることになった[21]。

　その後、1945 年に日本軍が河南南西部まで進軍すると、すでに弱体化していた自治政権が日本軍に抵抗することは不可能であった。結果、陝西省に

連なる内郷西部西峡口（現西峡県）までもが、占領下に置かれてしまった。劉顧三など自治政権の主流派は日本軍の勢力が及ばぬ地方まで撤退した一方で、自治政権の一部の幹部は日本軍に協力した。これは国民党正規軍からの保護が受けられず、また自力で地域を防衛できない彼らが生き残りを図るための苦肉の策であったのかもしれない（『内郷県志』：24-26、195、791-792、797）。

おわりに

　中華民国時期、災害や軍事勢力の混戦を背景として、河南南西部では民衆の生存の危機が深刻化した。人々は宗族や村落などの伝統的共同性を基盤として、寨に依拠し自衛を試みた。ただし巨大化した匪賊に対しては、数村を範囲とする自衛の力量では防御が困難となっていった。また旧来の紳士が外来軍事勢力の代理人と化すなかで、在村地主層を中心とする勢力はカリスマ性に富む別廷芳を主唱者として県を範囲とする政治共同体＝自治政権の樹立を試みた。混乱を極めた時代にあって、人々は「バラバラ」では生きられず、生命・財産を保障するために強い共同性を必要としたのである。換言すれば安全保障の必要こそ伝統的"つながり"を再編し新たな結衆を促す触媒であったといえよう。危機的状況において強い指導者が登場するとともに新たな結合が出現した本章での事例は、中国における結衆や指導者のあり方を理解するうえで参考となる知見を提供しているように思われる。

　また別廷芳を中心とする自治政権は、保甲制度により社会を厳しく管理・統制するとともに、民団の兵士となることや土木工程での労働力の提供を地域民衆に課していた。その施策は強権的な側面を濃厚に有したことは否定できない。しかし、同時に匪賊や外来軍事勢力から地域住民の生命・財産を保護するだけでなく、水利施設や植樹など社会資本の蓄積を推進したことも看過できない。課税の公平化や地域の利害を最優先する経済建設が志向されたことも重要である。さらに宛西郷師では宗族や村落などの従来型の関係ではなく、個人の能力に基づいた新式幹部の選抜が行われた。民団の訓練に織り込んで実施された郷土教育では一般民衆に対しても県政治共同体への帰属意

識が注入されたのである。

　宛西郷師の出身者には新たな基層幹部となることが期待されたものの、一般民衆には政治参加が認められなかった。このことは現代の視点からすれば自治政権の限界性を示しているかのようである。さらに指導者のカリスマ性に依拠して社会諸集団が統合されたために、別廷芳が急死すると、自治政権の凝集力は急速に弱体化した。そして劉顧三が政権の後継者となると統合原理も血縁主義（宗族）へと退行し、自治政権内部での党派争いが深刻化した。これらのことは県レベルでの政治共同体の形成が不完全なものにとどまっていたことを如実に示している。それでも民国時期の内陸農村での生存の危機という過酷な現実に鑑みた場合、地域に根差した自治政権が、きめ細かく民生に介入し、管轄下の民の生命と財産を最低限度保障した功績は十分評価に値するだろう。また聞き取りや今日における顕彰も勘案すれば、地元民衆は概ね自治政権を受け入れていたと判断できるのではなかろうか。つまり民衆にとっては、生存、所有などの自然権がかたよりなく充足されている状況が最低限度達成されれば、政治参加は当面重要な問題ではなかったと思われる。このことも中国における政府と民衆の関係を考えるうえでの一つのヒントとなるだろう。

　しかし、地域に根差した自治政権の自律性は集権化を強める国民党政府の方針と衝突した。とくに国家や民族全体が危機に直面した日中戦争時期には「一人の指導者、一つの主義、一つの政党」、「国家至上、民族至上、軍事第一」などのスローガンが掲げられた。戦時の動員態勢にあって、地域からの人的・物的資源の徴発が強化されるとともに、政治的多元性も抑圧され、自治政権は弱体化された。その一方で、中央から派遣されてきた国民党の軍・政人員は深刻な飢饉や日本軍の侵攻から地域民衆を保護する意志や能力に欠けていた。また中央から派遣された高級軍人に在地指導者を見下す尊大な姿勢がみられたことも看過できない。

　なお、集権化にともなう地域の実情の軽視という弊害は、本章で論じた国民党政権だけの問題にとどまるものではない。その後共産党政権も大躍進運動時期に深刻な大飢饉をもたらしたことは周知の通りである。広大な領域と莫大な人口を抱える中国においては、集権と分権のバランスを取ることがき

わめて重要であることが歴史から示されているといえるだろう。

1) 笹川祐史は、ある特定の国家や地域における政治システムとその運用のあり方を規定している文化的基礎、すなわちそこに現れる価値意識や態度といったものを指す、と定義している（笹川、2009：107）。
2) 天児慧は、地域主義とは特定の地域における価値認識や利害の一体化を示すものであるが、それは必ずしも中央との対立を包含するものではない。その一方、「地方主義」は中央の意向に陰に対抗する現象を指す、と定義している（天児、1992）。金子肇は、それ自体として存在する社会経済的な生活圏としての「地域」は、「中央政府」によって制度的・行政的に組織化された存在としての「地方」とは、論理的レベルにおいて峻別されなければならない、とする。さらに地域に自律的に存立する権力を「地域的統治権力」と呼んでいる（金子、2008：5-6）。
3) 先行研究としては、沈（1992）は自治のリーダー、在地エリートに着目し、その個人的事跡を詳しく分析した。Zhang（2000）は、河南を中心と周縁に分け、社会変容と地域エリートの活動を分析した。そのなかで宛西での自治をエリートの活動に着目する政治史の角度から考察した。張鳴（2001）は別廷芳を土皇帝とし、その軍事的支配を強調した。日本では坂井田夕起子が河南省を事例として国民政府による地方制度の統一化を論じるなかで宛西自治に言及している（坂井田、2001）。
4) 『春秋公羊伝』では、大一統には、周の礼により乱れた世の秩序を統一する意味が含まれる（手塚、1960）。
5) 彭禹廷「対郷村小学教師講縮小三民主義」1931年7月29日（鎮平県自治区自治辦公処、1933：203）。
6) Zhang（2000：第6章）は地方エリートがもはや王朝から統治の合法性を得られないなか、合法性を人民のなかから獲得するという方向性が生まれたと指摘している。
7) 彭禹廷「対旅行菩提寺之南陽訓練隊講話」1932年9月25日（鎮平県自治区自治辦公処、1933：262）。
8) 別・羅（1937）：360-363；「鎮、内、淅三県考察記」(1)『河南民国日報』1938年7月31日；高（1984）：107。
9) 「関於内郷県政治、経済、民衆及党組織情況報告」1929年10月19日（中央档案館・河南省档案館編、1984）。
10) 原（1939）、一般540/392、台北：中国国民党党史館蔵。
11) 「内郷県地方自治実施之経過及其成功」『地方自治』第2巻第2期、1947年。
12) 「石龍堰工程史話」『西峡文史資料』第5輯、1993年。
13) 「禁鴉片」『県政建設程序』（『宛西自治実行法輯要』巻1）1938年、116-117頁。
14) 「避籍的欠点」『県政建設程序』（『宛西自治実行法輯要』巻1）1938年、2頁。
15) 「内郷通訊」『民間』第2巻第8期、第10期、第24期、それぞれ1935年4月、8月、10月。

16) 時囚「河南鎮平内郷淅川三県的自治」『中国農村』第2巻第5期、1936年。
17) 張含清「宛西之行」『民間』第1巻第19期、1935年。
18) 楊 XD 氏（研究者、河南新野県人）に対して 2016 年 3 月 18 日に鄭州市内で行った聞き取りによる。また別廷芳について同族の老人は、民衆に迷惑をかけることなく、地方の治安維持や建設に功績があったと語ってくれた。別 JH 氏からの聞き取り。別氏は 1935 年生まれ、農民、河南省西峡県 Y 郷 Z 村、2016 年 3 月 20 日訪問。
19) 「一月来之財政」『河南政治月刊』第3巻第3期、1933年。
20) 「伏牛山工作団工作人員名単及組織要点及実施計劃」1941 年 10 月、特 30/442、台北：国民党党史館蔵。
21) 「河南局勢改進意見書」徐恩曽→呉鉄城、1944 年 6 月、特 30/529.3 および馮百平「豫政芻言」中央執行委員会秘書処→河南劉茂恩、1944 年 7 月、ともに台北：中国国民党党史館蔵。

参考文献
日本語
天児慧（1992）「地域主義をめぐる政治力学」丸山伸郎編『華南経済圏―開かれた地域主義』アジア経済研究所。
石島紀之（1984）『中国抗日戦争史』青木書店。
上田信（1990）「村に作用する磁力について」橋本満・深尾葉子編訳『現代中国の底流』行路社。
加藤祐三・野村浩一（1972）「土地改革の思想」野村浩一・小林弘二編『中国革命の展開と動態』アジア経済研究所。
金子肇（2008）『近代中国の中央と地方―民国前期の国家統合と行財政』汲古書院。
菊池一隆（1987）「国民政府による『抗戦建国』路線の展開」池田誠編著『抗日戦争と中国民衆―中国ナショナリズムと民主主義』法律文化社。
金陵大学農学院農業経済系編、生活社訳（1940）『河南・湖北・安徽・江西四省小作制度』生活社。
坂井田夕起子（2001）「南京国民政府による地方制度の統一化について―河南省を中心として」『現代中国研究』第 10 号。
笹川裕史（2009）「社会秩序の変容―農村社会と政治文化」飯島渉・久保亨・村田雄二郎編『シリーズ 20 世紀中国史 2　近代性の構造』東京大学出版会。
スメドレー、アグネス著／高杉一郎訳（1976）『中国の歌ごえ』みすず書房。
手塚良道（1960）「春秋公羊伝の義理としての大一統主義に就いて」『東洋大学紀要』14 集。
寺田浩明（1994）「明清法秩序における『約』の性格」溝口雄三・浜下武志・平石直昭・宮嶋博史編『社会と国家』（アジアから考える 4）東京大学出版会。
増淵龍夫（1983）『歴史家の同時代史的考察について』岩波書店。
溝口雄三（1989）『方法としての中国』東京大学出版会。

溝口雄三（1995）『中国の公と私』研文出版。
――――（2011）『中国思想のエッセンスⅠ　異と同のあいだ』岩波書店。
三谷孝（2013）『現代中国秘密結社研究』汲古書院。
横山宏章（1992）「孫文の憲政論と国民党独裁」藤井昇三・横山宏章編『孫文と毛沢東の遺産』研文出版。
――――（1996）『中華民国史―専攻と民主の相剋』三一書房。
――――（2002）『中華思想と現代中国』集英社新書。
山本真（2003）「日中戦争開始前後、郷村建設運動諸団体の組織化とその挫折」（『東アジア地域研究』第10号）。

中国語
新聞
『大公報』（天津）
『民国日報』（上海）
『河南民国日報』（南陽）

その他の文献
　※地方志は、本文註記では編者名ではなく書名を記載した。
別炳坤（1990）「有関祖父別廷芳的回憶」『西峡文史資料』第2輯。
別光典（1980）「河南内郷土皇帝別廷芳」『文史資料選輯』第38輯。
別廷芳編（1938）『宛西郷村建設実施辦法』。
別香斎・羅卓如（1937）「内郷一年来之工作報告」郷村工作討論会編『郷村建設実験』第3集、上海：中華書局。
陳伝海・徐有礼編著（1992）『河南現代史』開封：河南大学出版社。
陳景濤（2005）『別廷芳伝』北京：中国文聯出版社。
陳浴春（1990）「別廷芳言行見聞瑣記」『河南文史資料』第33輯。
杜薇麗（1984）「試論宛西軍閥別廷芳的発迹」『河南史志資料』第7輯。
費孝通（1999）「郷土重建」『費孝通文集』第4巻、北京：群言出版社（初版1948）。
封太運整理（1990）「西峡抗戦八年大記事」『西峡文史資料』第2輯。
高應篤（1984）『内政春秋』台北：栄欣文化事業中心。
顧建娣（2004）「咸同年間河南的圩寨」『近代史研究』2004年第1期。
顧恒（1989）「抗戦期間宛西見聞」『河南文史資料』第29輯。
江廷俊（1989）「宛西郷師雑記」『河南文史資料』第29輯。
――――（1994）「宛西郷村師範実験区」『河南文史資料』第50輯。
寇乃堯（1983）「従別廷芳説到河南内郷県」『春秋雑誌』第615期。
李宗仁（1988）『李宗仁回憶録』南寧：広西人民出版社。
李品清（1994）「南召事件及伏工団宛西"粛共"」『河南文史資料』第50輯。
梁漱溟（1986）「河南村治学院和山東郷村建設研究院」『河南文史資料』第20輯。

劉紹明（2007）「宛西自治紙幣的発現与初歩研究」『中国銭幣』第97号。
劉峙（1933）「勦徐三害為河南目前的最要任務」『河南政治月刊』第3巻第3期。
────（1982）『我的回憶』（近代中国史料叢刊続編第87輯）台北：文海出版社。
羅卓如・別廷芳（1935）「内郷県建設工作報告」章元善・許仕廉編『郷村建設実験』第2集、上海：中華書局。
孟磊・関国鋒・郭小陽ほか編著（2012）『一九四二：饑餓中国』北京：中華書局。
南陽地区地方志編纂委員会編（1994）『南陽地区志』河南人民出版社。
内郷県志編纂委員会編（1994）『内郷県志』北京：三聯書店。
沈松僑（1992）「地方精英与国家権力：民国時期宛西自治　1930～1943」『中央研究院近代史研究所集刊』第21期。
時囚（1936）「河南鎮平内郷淅川三県的自治」『中国農村』第2巻第5期。
孫国文主編（1993）『内郷民俗志』鄭州：中州古籍出版社。
行政院農村復興委員会編（1934）『河南省農村調査』上海：商務印書館。
王春元（1936）「視察日記」（続）『河南政治月刊』第6巻第9期。
王国謨（1988a）「羅卓如与宛西自治」『河南文史資料』第25輯。
────（1988b）「宛西自治中的王扶山」『河南文史資料』第27輯。
王奇生（2010）『革命与反革命：社会文化視野下的民国政治』北京：社会科学文献出版社。
王撫洲（1970）「路不拾遺夜不閉戸記宛西」『伝記文学』第16巻第4期。
呉世勲（1927）『分省地誌　河南省』上海：中華書局。
原景信（1939）『怪傑別廷芳』桂林：新中国出版社。
張和宣（1980）「内郷団閥劉顧三」『河南文史資料』第3輯。
────（1981）「我所知道的別廷芳」『文史資料選輯』第47輯。
張鳴（2001）「一個土囲子的剖面図」同著『郷村社会権力和文化構造的変遷：1903-1953』南寧：広西人民出版社。
張明道（1997）「聴別廷芳三次演講」『河南文史資料』第63輯。
鎮平県地方志編纂委員会編（1998）『鎮平県志』北京：方志出版社。
鎮平県自治区自治辦公処（1933）『鎮平県自治概況』。
中共南陽市委党史研究室編著（1997）『中共南陽地方史』北京：中共党史出版社。
中国人民政治協商会議内郷県委員会文史資料研究委員会編（1985）『別廷芳事録』（『内郷文史資料』第2輯）。
中央档案館・河南省档案館編（1984）『河南革命歴史文献匯集』V.8（市委、特委、県委文献）。

英語

Duara, Prasenjit (1988), *Culture, Power, and the State: Rural North China, 1900-1942*. Stanford: Stanford University Press.
Zhang, Xin (2000), *Social Transformation in Modern China: The State and Local*

Elites in Henan, 1900–1937. Cambridge, U.K.; New York: Cambridge University Press.

第6章
都市コミュニティの建設
――「社区」とコミュニティ

朱　安新
小嶋華津子

はじめに

　本章で扱うのは、1990年代末より北京で実施された「社区」建設の試みである。中国都市部において、計画経済体制時期に公有制企業を「単位」として構築された国民統治のあり方は、改革開放と市場経済化にともない機能不全に陥った。代わって登場したのが、「社区」を場とする統治である。
　このように、今世紀になりにわかに脚光を浴びるようになった「社区」であるが、そもそもこの言葉が中国語の語彙に加えられたのは、1930年代のことであった。中国の社会学・人類学の祖として知られる呉文藻は、1930年代、自らが教鞭をとる燕京大学に、アメリカの都市社会学者ロバート・E・パーク（Robert Ezra Park, 1864-1944）およびイギリスの社会人類学者アルフレッド・ラドクリフ＝ブラウン（Alfred Reginald Radcliffe-Brown, 1881-1955）を招聘した。彼らにより中国の学界に紹介された「コミュニティ（community）」概念の訳語として普及したのが、「社区」であり、以後中国では「社区」研究が社会学の一つの潮流をなすようになった（楊、2001）。なかでも、呉文藻の弟子である費孝通は、自ら「私の生涯の学術研究は農村調査から始まったもので、その後は小城鎮（町―筆者注）研究に入り、近年は地域発展の探索を始めた。これを生涯の社区研究と称したい」（費、1995：289）と述べている通り、「社区」経済論および「社区」自治論におい

て大きな業績を残した。

　費孝通によれば、王朝期の中国には、郷紳を中核とする「社区」自治の空間が広がっていた。すなわち、地域に対する中央政権の干渉はごく限られたものであり、地域の公共事業は郷紳の組織するインフォーマルな自治団体により担われていた[1]。しかし1930年代に入ると、こうした「社区」の地域的公共空間は、保甲組織を通じた中央政権の直接的介入を受けて溶解した。さらに中華人民共和国建国後は、社会学自体が禁止されるにともない、「社区」という語句も中国から「消え」てしまった（丁、1997）。

　その「社区」という言葉が、市場経済化とともに、行政用語として再登場したのである。後段で詳述するように、政府は「単位」制度に代わる新たな都市住民管理の受け皿として、全国の都市で大々的に「社区」建設プロジェクトを推し進めた。しかし、プロジェクトを通じて建設された「社区」は、生活を通じた人々の自発的つながりを核とする本来の「コミュニティ」としての内実をどの程度もち合わせているのだろうか。

　本章では、「社区」建設の初期（1998〜2000年）に政府により「モデル」とされた北京市西城区月壇地区をケースに、「社区」建設が進められた手順を分析し、そこから明らかになる政府の意図と、住区の営みにもたらされた公共空間の変化について考察したい。

I　「単位」制度と月壇地区

　「社区」建設によりもたらされた変化を論ずるに先立ち、本節ではそれ以前の都市住区の営みがどのようなものであったのかを、月壇地区を事例に論じておきたい。

1　月壇地区の開発と「単位」

　月壇地区の住区としての歴史は、1950年代の北京市の急速な開発と拡大に始まる。商の時代（紀元前16世紀頃〜紀元前11世紀）以来の歴史を有する北京は、金、元、明、清王朝の都として栄え、1949年再び中華人民共和国の首都となった。それ以降の北京の開発は、市街地の急速な拡大をもたらし、

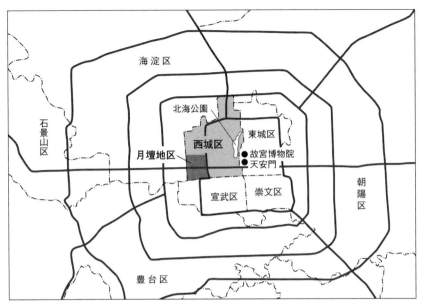

図1　北京市西城区月壇地区の位置

注：区割は2010年以前のもの。

1949年時点で、旧城を中心に109平方キロメートルの範囲にとどまっていた市街地は、1983年には371平方キロメートルにまで達した（薛、1996：111）。

　1950年代の北京市の都市開発は、次の3方面の開発を柱に進められた。第一に、旧城に接する西側地域を行政中枢地区として建設し、あわせてその職員のための住区を開発する。第二に、東部・西部にそれぞれ新工業区とその従業員のための住区を開発する。第三に、北西部の教育施設集中地区を整備し、その従業員のための住区開発を行う。

　西城区月壇地区は、上記第一方面のプロジェクトの一環として開発された。まずは、地図で同地区の位置と広がりを確認しておこう（図1参照）。西城区は、かつて東城区、宣武区、崇門区とともに「都心四区」と呼ばれ、故宮・天安門広場のある市の中心より北西部に広がる。具体的には、現在の北三環路以南、前門西大街および蓮花池東路以北、天安門広場および鼓楼以西、三里河路以東を範囲とする、総面積約30平方キロメートルの地域である。

第6章　都市コミュニティの建設　133

同区は行政区画上、10の街道を中心とする地区で構成されている。そのうち本章で扱う月壇地区は西城区の南西部にある長方形型の地区で、「中国第一街」と呼ばれる長安街を挟み、南北に4.1平方キロメートルの面積を有する。

月壇地区の名の由来となった地区内の月壇は、天壇、地壇、日壇、先農壇と並び「北京五壇」と呼ばれる古跡である。旧称を「夕月壇」といい、明朝の嘉靖9年（1530年）に建築され、明朝から清朝にかけ、皇帝が「夜明神」の月を祭祀する場所であった。しかし、そうした由緒ある古跡を有しながら、月壇地区は1949年に至るまで、野菜畑、墓地および荒廃地が広がる北京城外の荒涼とした農村地域であった。居住人口も少なく、住民は主に野菜農家あるいは墓地の世話人だった（月壇街道弁事処、1993：2）。1950年版『北京市街道詳図』で確認しても、当時の月壇地区に市街地が開発された痕跡はない。

しかし、こうした状況は、中華人民共和国建国以降大きく変化した。1950年代初期、月壇地区の復興門外大街の南側、続いて三里河一帯に多くの中央官庁とその職員のための集合住宅団地が建設されていった。同地区は、建国後わずか20年で、国務院、公安部、放送事業局、全国総工会、軽工業部、鉄道部、国家計画委員会、中国科学院、国家地震局、商業部、物資部、国家建設委員会、第二砲兵司令部、第一機械工業部、第二機械工業部および第六機械工業部のオフィスと、その職員のための住宅団地を有する新興市街地に生まれ変わったのであった。

2　「単位」制度下の月壇街道地区の営み

計画経済の時代、国家による都市の管理は、ほぼ公有企業や事業「単位」を通じた管理に一元化されていた。国家は「単位」の行政レベルや規模に応じて社会的資源や経済的資源を分配し、人々の生活を保障した。さまざまな保障のなかでもとりわけ重要だったのは住宅の供給であった。各「単位」が建設し、勤続年数に応じて従業員に分配する住宅が、人々が住宅を取得する唯一のルートであった。人々は職場と同一空間にある「単位」の住宅で暮らし、「単位」を通して託児・教育、医療、年金給付などの社会保障を享受し

た。

　他の地区と同様に、月壇地区においても、住区は「単位」として形成され、人々の日常生活は「単位」の提供する閉鎖的空間のなかで営まれた。1990年代初頭まで、月壇地区の住民は、ほぼすべてどこかの「単位」に属していた。とりわけ月壇地区を形成する「単位」は、主に中央官庁であったため、構成員の社会的身分が、「単位」のランクや資源配分に密接に結びつく「単位」制度において、きわめて恵まれた境遇にあった。月壇地区内の「単位」の多くは、それぞれが互いに独立した「単位大院」を建設し、そこには幼稚園や学校、床屋や銭湯などの生活施設が完備されていた。無論、「単位大院」の資源を利用することができるのは、「単位」の職員とその家族に限定されており、外部者には利用資格がなかった。「単位大院」は、いわば高い壁に取り囲まれた特権的小宇宙であり、社会主義の理想を叶える小さな実験室であった。

　では、「単位大院」内にはどのような共同体が形成されていたのだろうか。そこには、権力と「私」の間にいかなる関係が成立していたのであろうか。一言でいうなれば、「私」と私人関係に対する権力の介入により共同体の営みが保たれていた、ということになろう。すなわち、個人や家庭は、衣食住に関わる生活資源の獲得において、全面的に「単位」に依存していた。この依存関係は、「私」に対する政治的支配と表裏一体の関係にあった。「単位」内の共産党委員会・党支部は、人々の「档案」（個々人の出生・学歴・家族状況・政治活動への参加状況などあらゆる面に及ぶ身上調査記録）を握ることにより、人々の人生を左右するほどの権力を手中にしていた。こうした権力関係のなかで、人々は、家庭内の揉め事ですら、「単位」のリーダーに介入を請い「単位調停」により解決するのが日常であった（陳、2004：167）。また、職住一体化の「単位」生活において、人々の間には、生活の場でのトラブルが職場での昇進に影響を及ぼすことを恐れ、「近隣関係を慎重に扱っており、自己抑制――要するに何が起きても我慢する傾向が生まれ」た（倉沢・李、2007：187）。李強は、伝統中国においては「有家庭、無社会」であったのに対し、「単位」制度の下では「有単位、無社会」と呼べる状況が存在したと論じた（李強、2010）。

Ⅱ 「社区」建設プロジェクトと月壇街道地区

1 「社区」建設の試み
① 「単位」から居民委員会へ

　上記の「単位」制度は、改革開放および市場経済化のなかで、急速にその機能を低下させた。私営企業・外資企業が成長を遂げ、国有企業改革や政府機構改革が多くのレイオフ、失業を生み、労働力市場の活性化が戸籍制度の緩和と相まって人口の流動化を促すにつれ、公有制経済の領域に敷かれていた「単位」制度の枠外で暮らす都市住民が激増した。あわせて、「単位」制度の基軸となっていた住宅分配制度も瓦解した。1994年7月には「都市住宅制度改革の深化に関する国務院の決定」が公布され、住宅は「単位」による建設・分配から、市場取引の対象へと変わった。住宅市場が急速に発展し、かつての「単位」住宅についても個人への売却が進んだ。また、公有制企業の市場競争力を強化すべく、それまで「単位」が担っていた社会保障、社会サービス機能が政府や市場へと移管された結果、公有セクターで働く従業員の「単位」への依存度も大幅に低下した。「単位」を通じた統治構造はもはや成り立たなくなったのである。

　そうしたなか、「単位」に代わる新たな都市管理の受け皿として注目されたのが、これまで住民自治組織として存在していながら、「単位」制度の下で周縁化されてきた居民委員会であった。政府は、「中華人民共和国城市居民委員会組織法」（1990年1月施行）を制定し、公共サービスの提供者、さらには政府と「私」および私生活の場たる家庭を結びつける媒体として居民委員会を強化する方針を定めた。同法第3条は、居民委員会の任務として、以下の6項目を列挙した。第一に、憲法・法律・法規および国家の政策を宣伝し、住民の合法的権益を擁護し、法の下、果たすべき義務を履行し公共財産を愛護するよう住民を教育し、さまざまなやり方で社会主義精神建設活動を展開する。第二に、居住区域の住民の公共事務と公益事業を行う。第三に、民間の揉め事を仲裁する。第四に、社会治安の維持に協力する。第五に、人民政府およびその派出機関に協力し、住民の利益に関わる公衆衛生・計画生育[2]・軍人の家族や遺族の救済・青少年教育などの工作を行う。第六に、人

民政府やその派出機関に対し、住民の意見や要望を伝え、建議を提出する。居民委員会は、家庭内の揉め事や出産可能年齢の婦女に対する出産計画の指導など3)、まさしく「私」的領域にまで及んでいた「単位」時代の住民管理を踏襲したのであった。2001年に出版された居民委員会幹部のための指南本には、次のようなくだりがある。「家庭と国家・社会は互いに密接な関係にある。家は、社会から遊離した孤島とはなりえず、あたかも毛が皮に付着しているように国家に付着している。家庭は社会の細胞であり、細胞の代謝が正常か否かは、肉体全体の健康に直接影響を及ぼす」(馮東升主編、2001：187-189)。したがって、居民委員会は各家庭が「文明的・健康的・科学的・進歩的」なものとなるよう住民を指導・教育し、家庭内の揉め事の予防・仲裁に努めるべきだ、と。居民委員会を中心とした「私」領域への介入は、1999年7月の中南海座り込み事件以降大々的に展開された法輪功取り締まりのなかで、いっそう強化された。

② 住区における党組織の強化

居民委員会と並び、同時に強化が図られたのが住区を基盤とする党組織であった。既存の「単位」内党組織に包摂されない高齢の党員、私営企業・外資企業の党員、流動人口中の党員、レイオフ中あるいは無職の党員を組織的に管理するとともに、党員を住区の活動に動員する態勢を構築する必要が高まりつつあった。1996年、党中央組織部は「街道党建設工作を強化することに関する意見」を発し、街道党組織および居民区党組織の職責を明記したうえで、党組織建設の強化に努めるよう広く呼びかけた。

③ 「社区」への再編

そして1990年代末になると、より大規模な「社区」建設プロジェクトが始動した。1998年には、全国26の実験地域にて個別の試みが始まり、「全国で都市社区建設を推進することに関する民政部の意見」(2000年11月)が発布されて以降、全国規模で普遍的に「社区」建設を進める際の枠組みが示された(「中弁国弁発出通知転発民政部意見 在全国大力推進城市社区建設」『人民日報』2000年12月13日)。それは、もともとの居民委員会の所轄区域(100～700戸)を、住民管理・サービス業務の効率的な提供にふさわしい約1000～3000戸の「社区」に再編する、その運営主体として社区成員代表会

（住民代表と区域内の「単位」が参加する政策決定機関）および社区居民委員会（公募の上民主選挙を通じて選出される政策執行機関）を設置するなど、住区の営みに画期的な変化をもたらすものであった。さらに、社区居民委員会をいっそう強化するための財政的、人事的措置が講じられた。財政的には、政府の補助金がつき、従来ほぼ地元のボランティアで構成されていた居民委員会には、区政府や区政府の出先機関である街道弁事処が自ら公開試験等を通じて任用した、若く学歴の高い幹部が外部から送り込まれた[4]。彼らの多くは一定期間、社区で試用期間を過ごした後、社区居民委員会選挙に立候補するのであるが、選挙は往往にして自由選挙ではなく、選挙管理委員会が候補者を選定したうえでの信任投票であり、投票も、選挙管理委員会により恣意的に選ばれた住民代表により行われるケースが多い[5]。

　こうした変化に対しては賛否両論が展開されている。公共サービスの効率的な提供が可能になった反面、新生の社区居民委員会は行政機関としての色彩を強め、もはや住民自治組織としての性質を有していないとの指摘もある。

2　月壇地区における「社区」建設プロジェクト
①　1980年代から90年代にかけての月壇地区

　住区の統治に関わる上記の変化は、月壇地区の営みにも大きな影響を与えた。1980〜90年代になると、同地区でも1950年代に建築された「単位」住宅の改築工事が始まり、低層住宅は取り壊され、代わって高層住宅が建設されるようになり、新旧の住宅が混在するようになった。本節では、1988年より、月壇地区汽南住区にて居民委員会治安維持主任から居民委員会主任、社区党委員会書記を歴任した王士良の回顧等を引用しながら、同住区の「社区」建設の推移を追っていきたい（以下、王士良の回憶については、「居委会是維穏前沿」『瞭望東方周刊』2010年、第48期、12-13頁および筆者による聞き取り調査に基づく）。

　中国人民解放軍蚌埠装甲兵学院院務部部長を務めあげ、農業機械部の下の農業機械輸出入公司の幹部だった妻の住む汽南住区に戻り、暇つぶしに院内の庭掃除をしていた王の下に、月壇街道弁事処の担当幹部と月壇派出所の担当警官が来て、居民委員会の業務に加わるよう要請したのは、ちょうど「単

位」の受け皿として居民委員会の強化が図られようとしていた 1988 年のことであった。当時、汽南住区には全部で 17 棟の集合住宅 (800 世帯あまり) があり、大部分が元第一機械工業部汽車工業局の幹部職員だった。これに対し、居民委員会は住区の北側の一間であり、10 平方メートルほどで、3 つの机があるだけだった。王が入る前は、5 人の老婦人が「小脚偵緝隊 (高齢者婦人パトロール隊：計画経済時期に、居民委員会への協力員として、政府機関に業務協力した無職の高齢者女性のことを指す)」を作って、平時には衛生費を集めたり、防火防犯を呼びかけたり、計画生育を管理したりしていた。

　王が居民委員会で治安維持主任を依頼された背景には、相次ぐ空き巣被害があった。住民が比較的裕福で、かつ住区の周囲に塀がなかったことから、泥棒に狙われやすかった。このような事態に対処しようと、地元の警官が住民によるパトロール隊を組織しようと試みたこともあったが、外部者でかつ自分たちよりランクの低い警官の提案に対する住民たちの反応は悪かった。しかし、王ら居民委員会の者が同様の提案をすると、元農業機械工業部副部長の李本を筆頭に多くが賛同し、たちまち 33 名からなる「高級幹部パトロール隊」が起動し、わずか 2 年後には、離退職した高中級指導幹部、技術者および一般幹部 192 名からなる「汽南党員幹部治安パトロール隊」にまで発展したのであった。パトロールは効果をあげ、結成以来治安事件は 1 件も発生しなかった。

　1992 年の鄧小平の「南巡講話」が、住区内に新たな風を吹き込んだと王はいう。住区内の老人たちの間に創業精神が生まれ、小さな縫製店、万屋、理髪店、食堂などが作られたというのだ。局長以上の自宅にしか電話が引かれていなかった当時、住区内に 1 台しかない公衆電話の番をし、住区内に響き渡る大きな声で「○○号棟の○○さん、電話よ！」と取次ぎをする「小伝呼」も重宝がられた。当時は政府の財政補塡もなく、居民委員会の活動を支えてくれる楼門長 (各住居棟のリーダー) にも端切れで作った袋を配るぐらいしかできなかったが、皆それぞれ工夫して活動した。使われなくなったトタンの廃屋を運んできて、そこに郵便局や八百屋を呼んできたりもした。これらの努力が認められ、北京市商務局から「模範」として 10 万元の賞金を得て、住区全体にインターホンシステムを導入した。

住区のさまざまな決定ができるだけ民主的に進められるよう、1990年代には、居民委員会から李本を含む15名の局級以上の退職幹部に、ブレーン集団として住区の計画立案をしてくれるよう依頼した。1998年には、さらに20名の在職の指導幹部を加えた議事グループを組織した。議事グループは毎年年初に大会を開き、住民のために何をすべきかを話し合った。

　このような汽南住区の取り組みは、著名人の関心を引き起こした。1999年には李嵐清（国務院副総理）が訪れ、「居民委員会にここまでのことができるなら、政府の工作はやりやすくなるだろう」と述べた。2000年3月には、費孝通が視察に訪れ、「将来はここに引っ越したい」と感想を述べたという。

② 「社区」建設プロジェクトと月壇地区

住区組織の再編

　「社区」建設プロジェクトが始まると、1999年2月、西城区は「全国社区建設実験区」に指定された。他の事例に違わず、月壇地区についても、住区組織の大規模な再編がなされた。

　まず、居民委員会所轄地域を合併して「社区」を作り、それを管轄する組織として社区居民委員会の充実が図られた。月壇地区の場合、2000年になって合併が進められ、既存の83の居民委員会が45の「社区」に合併され、その後（2002年）さらに26の「社区」に合併された。たとえば汽南社区の面積は2002年に0.11平方キロメートル、人口は5485人となった。社区居民委員会幹部の手当は引き上げられ[6]、2005年には街道弁事処から専従の幹部が「空から舞い降りて」きて、王士良に代わり社区居民委員会主任となった。また、業務の拡大にともない街道弁事処からは、さらに最低生活保障担当、職業斡旋担当、外来工担当など各業務を担当する「社区事業幹部」があてがわれ[7]、社区居民委員会は大所帯となった。

　さらに、月壇街道弁事処と各社区居民委員会の間には、各業務をより統合的に実施するべく、5～8の社区居民委員会管轄地区（平均人口2万1000人）からなる地域機能社区が作られた。ここに、北京市－西城区－月壇街道－地域機能社区－社区居民委員会という重層構造が作られた（表1参照）。

　加えて、2003年頃から西城区は、「議行分設（議事機関と執行機関の分離）」

表1　西城区の統治構造（2000年10月現在）

	面積（km^2）	人口数（人）	街道数	居民委員会数	単位数
西城区	31.66	856,000	10	298	
月壇街道	4.14	128,000	1	45	138
「機能社区」	平均0.69	平均21,000	—	5〜8	平均23
汽南社区居民委員会	0.05	3,267	—	1	10

出所：北京西城区月壇街道内部資料（2000）より筆者作成。

表2　西城区における「社区」建設の組織体系

	共産党組織づくりの機構	社区づくりの議事・決定組織（月壇街道の場合）	執行組織	
			事業「単位」	行政組織
西城区 1	区共産党委員会	社区建設指導協調委員会	—	民政局
街道 10	街道工作委員会	社会団体法人社区建設協会	社区中心	街道社区建設弁公室
地域機能社区 46	党総支部	社区建設協会分会	社区分中心	—
社区居民委員会 298	居民区党支部	社区管理委員会	社区工作站	—

出所：北京社区建設理論研究会内部資料（2000）より筆者作成。

による新たな社区ガバナンスのあり方を導入するようになった。西城区、街道、地域機能社区、社区居民委員会には、それぞれ共産党組織のほか、議事組織、執行組織が設けられた（表2参照）。

　議事組織としては、まず西城区に、区共産党委員会書記と区長をリーダーとし、民政部門と各関係部門の責任者によって構成される社区建設指導協調委員会が組織された。また街道レベルには、街道弁事処と区の関係単位の連合により社区建設協会が組織され、地域機能社区レベルには、その分会が組織された[8]。同協会は社会団体法人であるが、事務局は街道弁事処の社区建設弁公室により兼任され、実質的には半官半民の色彩を帯びる。さらに社区居民委員会レベルには、社区居民委員会主任、社区内の各「単位」の責任者、住民代表、社区警察官を構成員とし、管轄地域の問題を議論し、決定する社

区管理委員会が形成された。

執行組織に関しては、街道レベルに社区センター（社区中心）が、地域機能社区レベルには社区サブセンター（社区分中心）が設置された。これは、街道弁事処の社区建設弁公室の指導の下で社区建設の施策を展開する事業単位である。さらに社区居民委員会レベルには、社区工作ステーション（社区工作站）が置かれた。

上記のような住区組織の大幅な改編は当初、一部の住民の間に混乱と不満を引き起こした。王士良によれば、2005年に街道弁事処より送り込まれ、王に代わり汽南社区居民委員会主任に就任した者は、仕事のやり方が妥当でなく、一部の住民との間に問題を抱え、ほどなくして辞職してしまった。また、「議行分設」についても、社区居民委員会が「小人代（ミニ人民代表大会）」で社区工作站は「小国務院（ミニ国務院）」という考え方が住区に持ち込まれたとき、住民はにわかには納得できなかった。月壇街道党工作委員会書記の李紅兵が述べた通り、社区居民委員会レベルの自治にまず立ちふさがったのは、人々の参加意識の低さであった。農村部の村民委員会が、村の共有リソースに関わる議事を担うのに対し、社区居民委員会は人々の利益に直接関わるリソースに乏しいため、参加意識を育むに困難があった（「社区居委会承担繁重維穏任務　経費納入財政予算」『瞭望東方周刊』2010年、第48期、10-11頁）[9]。人々は、組織が複雑化したことに疑問をもち、以前は居民委員会に行き、担当責任者を訪ねれば解決できたことが、「議行分設」施行後は、社区居民委員会に行っても社区工作站に行っても「管轄外だ」とたらい回しにされることに不満を強めた。

党組織の強化

こうしたなかで、「核心」として「社区」建設の連携を促す役回りを期待されたのが党組織であったが、市場経済化にともない、党員の組織化は難度を増していた。2000年時点で、西城区には2278の非公有制企業があり、これらの企業に1301人の党員が所属していたが、党の章程に照らして党組織を結成できる党員3名以上を有する114企業のうち、党支部が組織されていたのは23社にすぎなかった（朱・田中、2003）。そうしたなか、全国的な「社区」党建設の動きと連動し、西城区でも党員の再組織化が進められた。

その結果、2000年4月の時点で区内の298の社区居民委員会のうち290（93.3％）に共産党支部が、各地域機能社区に共産党総支部が設置された（朱・田中、2003）。この過程においても、スムーズな組織化を妨げる要因の一つとなったのは、「単位」時代に築かれた特権意識であった。先述の李紅兵は2010年11月、次のように述べた。原則的には、街道党工作委員会が住区における党組織工作を指導することになっているが、かつて庁局級単位であった政府機関や国有企業の党員は、経済体制改革を経た今日に至っても、処級単位の指導を受けることに心理的な抵抗がある、と。そのうえで李は、住区の党組織が「単位」党組織と横向きの連携を築くことに、こうした問題を打開できる可能性を指摘したのであった（「社区居委会承担繁重維穏任務経費納入財政予算」『瞭望東方周刊』2010年、第48期、10-11頁）。

　党組織を強化したうえでさらに求められたのは、新たに再編された社区居民委員会における党員のプレゼンスの強化であった。具体的には、社区居民委員会の選挙において、党員を主任あるいは委員に選出するよう住民に働きかけたり、党員が社区居民委員会幹部を居住区の党支部書記あるいは支部委員に選出するよう根回しをしたりすることが奨励された。2000年6月、西城区の社区居民委員会の幹部選挙では、298の社区居民委員会で選出された1226人の幹部のうち、党員が42％を占め、選挙前の35％から大きく増加した。さらに143の社区居民委員会では、党支部書記が主任を兼任することとなった（朱・田中、2003）[10]。

老人介護サービスと人々のつながり

　以上のように、1990年代末以降急速に形成された新たな「社区」は、行政と党の「社区」への介入・浸透をもたらした。王士良は、新生「社区」の「先進性」を認めつつ、「人情味が少なくなった」と述べる。しかし他方で、新しい「社区」の枠組みを利用した「助け合い」の試みが始まったことにも注目すべきであろう。ここでは、汽南社区の老人福祉サービスを取り上げたい。高齢化社会への対応は、中国でも国家単位で取り組むべき喫緊の課題となっているが、汽南社区もまた同様である。西城区における高齢者（60歳以上）は1982年時点では7.91万人（10.4％）であったが、2000年には15万人（18.5％）に急増し、さらに2020年には人口の30％に達すると見込まれてい

た（朱・田中、2003）。1950 年代に開発された汽南社区でも、当時 20 代だった住民が 2000 年時点で 70 代になっており、子供は北京市外、果ては海外に住み、老人のみとなった世帯も多かった。

　老人介護を住区で担う必要が高まるなかで、汽南社区は方法を模索したが、既存の社区居民委員会は、法人資格を有していないため、サービス業務を担うことはできない。最終的に汽南社区が採った方法は、「汽南社区建設協会」という非営利の社会団体を新設し、その傘下に「無囲墻敬老院」という老人向けサービスのための民弁非企業を設立するというものであった。こうしたやり方は、西城区が「社区」における住民サービスを拡充するにあたり推し進めた、行政と社会組織の分離（政社分離）と連携の試みに沿うものであった。西城区では、公共サービスに長けた社会組織を育成するとともに、行政機能の一部をこれらの組織に委託する方式が 2000 年代を通じて規範化され、急速に普及した（「三社聯動：創新基層治理的西城探索」http://www.bjsstb.gov.cn/wssb/wssb/xxfb/showBulltetin.do?id=55496&dictionid=8003&websitid=100&netTypeid=2　最終閲覧日：2016 年 10 月 29 日）[11]。

　汽南社区ではまず、西城区民政局関係部門の支持を得て、汽南社区内の 50 の単位と個人を組織して汽南社区建設協会を設立し（業務監督単位は月壇街道工作委員会、業務管理は西城区社団弁公室）[12]、2004 年 8 月、「無囲墻敬老院」が作られた。言い換えれば、「無囲墻敬老院」は、これら党・行政・民間・個人の支えの上に運営されているのである。事実、汽南社区の「無囲墻敬老院」は、「社区は我が家であり、建設は皆に依存し、門を閉じれば小家であるが、門を開けば大家となる（社区是我家、建設靠大家、関門是小家、開門是大家)」という同社区の方針の下、社区居民委員会、社区服務站、月壇街道敬老院、開心家政服務站、同心物業站、社区衛生服務站、中磊技能培訓学校、北京市坤泰服務公司および老人の家族たちとともに、老人介護サービスのネットワークを形成し、毎月 360～600 世帯の老人にサービスを提供している（http://jxfw.org.cn/news.php?id=318　最終閲覧日：2016 年 10 月 29 日）。

おわりに

　「社区」建設プロジェクトは、2000年以降全国で展開され、各地でさまざまな試みがなされてきた。住区の性格や歴史が「社区」の営みに大きく影響していることも忘れてはならない。しかし、少なくとも本章で論じてきた事例から考察するに、今日の「社区」を場とする公共のあり方については、以下の3点が指摘できるのではないだろうか。

　第一に、「社区」は、計画経済時期に「単位」によって吸収されていたコミュニティが、社会の自然な力によって回復されるのを待つことなく、行政的に、さらには共産党の末端組織の再建という使命をもって、上から作り出されてきたものである。「社区発展と社会指標研究プロジェクト」の責任者である中国社会科学院の朱伝一が、当時モデル都市で取り組まれた多様な「社区」建設を、政府主導型、政府提唱型（たとえば上海）、政府引導型（たとえば南京）の3パターンに分類したことは、「社区」建設が政府の力なしにありえないことを示している（朱伝一、1999：39）。そして「社区」建設において採られたのは、唐燕霞が、李駿による「再国家化」、プラゼンジット・デュアラ（Prasenjit Duara）による"State Involution"とその中国語訳としての「国家権力の内巻化」という言葉を用いて整理したように、一旦「単位」から解放された住区を、強化され、行政機関化された居民委員会を通じて再び国家管理の下に統合するという方法であった（唐、2013：96；李駿、2006；Duara、1988；何・蔡、2005）。さらにそこに、「私」の管理、「私」の国家への従属を良しとする「単位」時代以来の価値観が生き続けていることも無視できない。

　第二に、上からの「社区」建設が進む一方、下からの共同体意識さらには元「単位」の枠を超えた公共意識が育まれるには時間を要する。先に李紅兵の言葉を借りて論じたように、「単位」社会が瓦解した今日、人々が都市生活において共同体に参加するインセンティヴは低い。また、「単位」時代からの遺物として、ランクの高い住民たち（たとえば先述の李本や、彼の信任を得た王士良）のリーダーシップに対する依存心や、特権意識による外部者の疎外（たとえば派出所警官への軽視や街道党工作委員会の指導に対する抵抗感）

も、ときに参加や連帯に負の影響をもたらすであろう。

　第三に、そうしたなかでも、生活、福祉という領域において、「社区」の新しい枠組みを利用した連帯のかたちが形成されつつある。1990年代に汽南住区の住民が居民委員会を中心に発揮した起業精神と生活向上のための協力は、こうした連帯の典型的なかたちといえよう。また、家庭が福祉の主体としての機能を低下させるなかで、「社区」内のリソースとつながりを基盤に設立された「無圍墻敬老院」の事例からは、「社区」が生活、福祉の効果的枠組みを提供することを通じて、新たなつながり、連帯を育んでいく可能性を見てとることができる。第5章で山本真は、民国時期の河南省南西部の農村地域権力に関する分析を通じ、「民衆にとっては、生存、所有などの自然権がかたよりなく充足されている状況が最低限度達成されれば、政治参加は当面重要な問題ではなかった」と論じた。今日の「社区」においても、住民が欲しているのは住民参加の枠組み云々よりも、まずはより良い生活である。しかし、こうした生活を基盤としたつながり、連帯こそ、真に自律的な参加の礎となっていくのかもしれない。

　無論、本章で事例とした月壇地区に関しては、幹部が多く居住する比較的均質的な居住区であったということが、人々のつながり、連帯を育むうえでポジティヴな影響を与えたことが想定され、同様のストーリーが他の「社区」について描けるわけではない。「社区」内の社会関係が、日常生活の積み重ねを通じて成熟し、自治が内実をともない、「社区」とコミュニティの間に存在する溝が埋められるには、相当の時間が必要であろう。

1)　郷紳は同時に地主階層であり、農民とは搾取－被搾取の関係にあった。費孝通も、郷紳を中核とする「社区」自治が「民主的なものではなかった」と論じている（費、1948a＝1999：433；1948b＝1999：404）。
2)　1979年より国策として始められた産児制限政策。1組の夫婦に子供1人を提唱し、一人っ子家庭にさまざまな優遇や特典を賦与する一方、計画外の出産に対しては経済的罰則を課すというもの。
3)　「中華人民共和国婚姻法」（1980年採択、2001年修正）（第43条）は、家庭内暴力に対し、居民委員会が制止・仲裁すべしと明記した。また「中華人民共和国人口・計画生育法」（2001年採択、2002年施行）（第12条）は、居民委員会を同任務の実質的な担い手と定めた。

4) 2000年に実施された北京市第4回居民委員会選挙を経て、委員の平均年齢は48.7歳となり、選挙前より6歳若くなった。また委員全体の学歴についても、高校卒業は63％、大学卒業は18％となり、選挙前より10ポイント増加した（馮暁英、2001：43）。
5) たとえば、王秀琴は、2006年に北京市で行われた社区居民委員会任期満了選挙において、競争選挙が実施されたのは2313社区のうち987社区にすぎなかったと分析している（王、2007：109）。
6) 北京市では、居民委員会幹部に対する手当に関し、旧来の月額80～100元から月額400元を下限に設定するよう改められた。
7) 「社区事業幹部」とは、300戸につき1名を基準として採用し、街道弁事処が統一的に任用、管理する幹部である。
8) 1998年6月に月壇街道に作られた社区建設協会が最初である。
9) この点で、不動産の所有者が自らの利益保護のために結成した業主委員会とは異なる。
10) なお、北京市では、2006年の社区居民委員会選挙にあたり、市党委員会組織部が「全市第6回社区居民委員会任期満了選挙工作において党組織の領導核心作用を十分に発揮させることに関する通知」を公布した。各区・県党組織はこれに応じ、社区居民委員会選挙に際し、1895社区（全体の81.9％）において、社区党組織書記を候補者として推薦した。その結果、社区党組織書記が社区居民委員会主任を兼任する社区は、1534社区にまで増加した（王、2007：108、119）。
11) 2014年末時点で、西城区に登録された社区社会組織は2420組織に達した。
12) 2008年、汽南社区建設協会会長には、汽南住区にて長年居民委員会主任、社区党委員会書記を務めてきた王士良が就任した。

参考文献
日本語
倉沢進・李国慶（2007）『北京―皇都の歴史と空間』中公新書。
朱安新・田中重好（2003）「中国におけるコミュニティづくりの展開」『日本都市社会学会年報』第21号。
唐燕霞（2013）「中国の社区自治における居民委員会の役割に関する試論」島根県立大学総合政策学会『総合政策論叢』第23号。

中国語
陳午晴（2004）『当代中国的単位変革與家庭変遷』河北保定：河北大学出版社。
丁水木（1997）「論街道社区和社区行政」『社会学研究』1997年第5期。
杜志明（2000）『新時期街道居委会工作実務全書』北京：中国大地出版社。
費孝通（1948a）『郷土重建』1999『費孝通文集（第4巻）』北京：群言出版社。
―――（1948b）『郷土中国』1999『費孝通文集（第5巻）』北京：群言出版社。

費孝通（1995）「農村、小城鎮、区域発展：我的社区研究歷程的再回顧」『学術自述与反思』北京：生活・読書・新知三聯書店、289-312 頁。
馮東升主編（2001）『怎様当好"小巷総理"：居委会幹部読本』北京：新華出版社。
馮暁英（2001）「北京城市社区管理創新的調研與思考」『前線』2001 年第 3 期。
何艷玲・蔡禾（2005）「中国城市基層自治組織的"内巻"化以及成因」『中山大学学報（社会科学版）』2005 年第 5 期。
李駿（2006）「城市街区空間的組織特徴：国家－社会関係視角」『上海交通大学学報（哲学社会科学版）』2006 年第 2 期。
李強（2010）「対『社会』不必過度恐惧」『新京報』2010 年 10 月 30 日。
王秀琴（2007）「北京社区基層民主政治建設進程分析」于燕燕主編『2007 年：北京社区発展報告』北京：社会科学文献出版社。
薛鳳旋（1996）『北京：由伝統国都到社会主義首都』香港：香港大学出版社。
楊雅彬（2001）『近代中国社会学』北京：中国社会科学出版社。
月壇街道弁事処（1993）『月壇街誌』月壇街道内部資料。
朱伝一（1999）「80 年代以来社区発展与実験」馬仲良・羅暁路編『中国社区建設』北京：北京社会科学雑誌社。
北京西城区月壇街道内部資料（2000）。
北京社区建設理論研究会内部資料（2000）。
『人民日報』
『瞭望東方周刊』

英語

Duara, Prasenjit（1988）, *Culture, Power, and the State: Rural North China, 1990-1942*, Stanford: Stanford University Press.

第7章
「協商民主」と地域社会
―― 協商民主に探る新たな公共性創出の可能性

中岡まり

はじめに

　本章の目的は、中国において、公論形成に基づく公共性が創出される可能性はあるのかを「協商民主」と地域社会の相互関係に注目し、考察することである。ここでいう「公共性」とは「価値の複数性を条件とし、共通の世界にそれぞれの仕方で関心をいだく人びとの間に生成する言説の空間」（齋藤、2000：6）である。しかし、少なくとも国家レベルでみれば、このような言説の空間の創出は中国社会にとっては遠い将来の到達点であり、現時点では不可能といわざるをえない。そこで、これよりも現実的な、将来的に国家規模の「公共性」の萌芽となりうる地域的公共性の可能性と、現在、共産党の指導下に構成される「公共性」の限界について考察する。地域的公共性創出の可能性を「協商民主」に求める理由は、現在のところ社会運動と選挙民主に対する党のコントロールが厳しく、これらによる変革には行き詰まりが生じているためである。
　日本では、1970年代から1980年代頃まで、「公共性」という言葉は否定的なニュアンスをもって扱われていた。それは、「公共事業」という言葉に代表されるように、「公共性」が「官」（中央政府）によって独占されてきたものであり、「官に従属して自立性を持たなかった公共性」であったからである（齋藤、2000：1-2；田中、2010：140）。しかし、「公共政策」に対して質的な異議申し立てを行う住民運動や市民運動により、「公共性」は「官」か

ら自立性をもち、「市民の権利主張を抑圧する『公共』から、市民の権利を擁護するための『公共』へと意味の転換を果たした」（田中、2010：141-142）。日本においては政治参加をともなう社会運動が「市民的公共性」の生成（齋藤、2000：2）に大きな役割を果たしたのである。

　しかし、「市民的公共性」は基本的には「公権力に対する批判的領域」と位置づけられるもので（齋藤、2000：28-29）、リベラル・改革派に影響をもつ雑誌『炎黄春秋』が実質的に廃刊に追い込まれる中国では、「市民的公共性」の生成を進める社会的な動きが起きるのは難しい。ただし、中国においても利益や価値観が多様化し、すでに「公共性」を党と国家が独占し続けることは難しくなっている。そこで、統治を効率化し、安定した政権運営を継続するため、党・国家主導で人々を地域の政策決定に参加させ、「官」主導の「公共性」を充実させる試みとして、基層では「協商民主」の活用が推進されている。本章では「協商民主」を取り上げ、「公共性」が「官」によるofficial なものから自立性を獲得する可能性について考察する。

　そこでまず、「協商民主」の性質と内容について明確にしておきたい。本章で扱う「協商民主」は基層における懇談会や意見聴取の場に人々が参加するものであり、政治協商会議（以下、政協と略す）における協商民主ではない。次に用語についてだが、日本語では、Deliberative Democracy は熟議民主主義や討議デモクラシー、協商民主はそのまま「協商民主」と訳し分けている。他方、中国語では Deliberative Democracy も「協商民主」と翻訳され、その結果、熟議民主主義と「協商民主」は区別されていない[1]。しかし、両者は性質がまったく異なっている[2]。熟議民主主義は民主主義先進国における間接デモクラシーの弊害を補完するものとして、既存の「中央集権的な国家による社会・政治秩序の制御が困難となった時代における『ポスト国家的統合』様式の基軸となる原理」（田村、2008：序論3）として活用されようとしているが、「協商民主」は共産党の指導する一党独裁体制下での民主諸党派や社会団体との統一戦線政策の一部として導入されたものである。また、その主体と扱われるテーマの設定が異なっている。熟議民主主義は開かれた公共空間において、平等な情報と立場をもつ多様な人々の間で真摯な態度で交わされるべきものである（フィシュキン、2011：60）。他方、「協商

民主」は党が主体となってテーマ、参加者を決定する。

　次に熟議民主主義および「協商民主」と、それが機能する社会環境との関係について整理しよう。熟議民主主義が成熟した市民社会の存在を前提とする一方で、「協商民主」は共産党の権威主義体制下の社会を前提として機能している。しかし、現在、基層において実施されている「協商民主」の実例は、2種類の「協商民主」があることを示す。それは、実施すること自体が目的化している「協商民主」と、差し迫った問題解決のために実施される「協商民主」である。前者は権威主義体制下の社会と適合的に機能するが、後者はそのニーズから熟議民主主義に近い機能をもとうとするため、権威主義体制下の社会を対象としては十分に機能を発揮できない。あるいはこの問題解決型「協商民主」を機能させるために、社会の方が一部変容を迫られる場合もある。社会が変容する点について、「協商民主」の成功例として有名な温嶺市の民主懇談に関わってきた何包鋼は、民主協商への参加が人々の責任感と公共性を引き出すと述べ（何、2015）、「協商民主」の可能性を示唆している。

　最後に社会の変容に関連して、本章で使用する分析枠組みとして、田中重好による整理を用いて、地域社会において共同性から公共性が導出されるまでの過程を提示しておく。田中は共同性を「根源的共同性」から「場を前提とした共同性（場の共同性）」へ、そこから「自覚的な共同性」へ、さらには「明確な目的を持った共同性」、そして「公共性」へと質的に変化していくとしている（田中、2010：63-71）。根源的共同性は人間が社会的存在であることに由来するものだが、「場の共同性」は共同性が社会的に具体的な形や行動に結びつく契機を獲得する点で根源的共同性とは異なっている。さらには範囲が確定されることで、帰属意識や共同の利害関係が自覚され「自覚的な共同性」が生まれる。「自覚化された共同性」のなかには「目的を持った共同性」が存在し、それを達成するための行為を引き出すことになる。そこで地域の共同課題の解決へと人々は動き出し、その最終的な「共同の解決策」を支えるものとして公共性を作り出す、とされる（田中、2010：63-71、48）。

　田中は、朱安新らの2003年の論文に拠り、中国の都市で進められているコミュニティ（「社区」）づくりは「上からの共同性が編成」されているもの

であるとしている（朱ほか、2003；田中、2010：77）。では、現在、党主導で推進されている「協商民主」は、「社区」レベルの地域的共同性と「公共性」の自立性獲得の可能性に対して、どのような影響を及ぼすのだろうか。また、基層における「協商民主」が従来同様の共産党による「上からの共同性」の構築であるとすれば、そこにどのような限界があるのだろうか。

　おおよその結論を先に示すと以下のようになる。

　現時点で、基層においては社会主導の地域的公共性の創出は抑圧され、むしろ党・国家主導の地域的共同性が再構築されつつある。これにより、行政コストを下げ、統治効率をある程度向上させることはできよう。党・国家が設定するイシューに関しては適切な政策立案や執行ができる一方で、党・国家が許容しない領域に関しては「協商民主」を通じた意見交換は認められず、政策に反映されることはない。イシューとメンバーシップの限定は、構成される「地域的共同性」とそこから派生する「官」主導の「公共性」の広がりさえも阻害する要因となる。

　本章では、以下の構成により、上記の結論を論証する。第Ⅰ節では共産党による地域的共同性の再構成とその具体的な手段の一つとしての「協商民主」について述べる。第1項では、「単位」社会の崩壊により「社区」建設が必要となり、これにともない党が地域的共同性の再構築に着手した過程を振り返る。ここでは、陳静の指摘をもとに、「単位」社会の崩壊がこれまで個人と国家をつないでいた公共関係の喪失を意味することを強調しておきたい（陳静、2013：14-18）。地域的共同性の再構築は同時に個人と国家をつなぐ公共関係の再構築となる必要があるのである。第Ⅰ節第2項では「協商民主」について、導入の目的と内容について述べる。第Ⅱ節は、基層での「協商民主」の事例を取り上げ、「協商民主」が地域的共同性を構築する際の条件、課題、問題点について検証する。ここでは、党主導により構築される地域的共同性が、広がりをもちさまざまな人々をつなぐ「架橋型」ソーシャル・キャピタルではなく、限定的な参加メンバーのなかで発展する閉鎖的な「結束型」ソーシャル・キャピタルとなることなどの限界性を指摘する。なお、本章では、より「協商民主」の事例が多い都市部を対象に取り上げる。

I　中国における地域的共同性と「協商民主」——「官」と公共性の関係

1　党による地域的共同性の再構築——「単位」社会から「社区」へ
①　国家から切り離される個人——「単位」社会崩壊による公共関係の弱体化

　1980年代末に中国が社会主義計画経済から社会主義市場経済へと舵をきるなかで、中国の都市部の基層社会は、大きくその性質を変えるよう迫られた。「単位」社会から「社区」社会への変容である。その過程について、陳立行は80年代以降の市場経済への移行にともない、企業が福利厚生施設などの生産以外の部門をアウトソーシングしたこと、住宅改革政策の推進にともない住民構成が変化したこと、さらに「下崗」従業員が生まれたことにより「単位」社会が崩壊したと説明している。そして新たな地域社会の安定維持の方策を探るために構築を求められたのが「社区」社会であるとしている（陳立行、2000：138-143）。

　「単位」社会の崩壊と「社区」社会への変容は、「社区」にサービス機能や自治機能をもたせるという変化を生むだけではなく、基層社会の人々の暮らしを変えた。陳静の指摘によれば、「単位」の機能の変質は、それまで「単位」を介在して個々人を国家とつなげていた公共関係を弱体化させ（陳静、2013：15）、個々人を国家とつながる術をもたない孤立した状態に置くことになったのである。「単位」社会の崩壊と公共関係の弱体化について、陳静は以下のように述べている。

　「単位」は従来、政府に代わって社会のメンバーに対して負うべき責任を負う「準公共組織」であった。1950年代にはすべての人が「単位」に組み込まれ、人々は「単位」を通じて給与を得るだけではなく、国家制度からの保障を得ており、むしろその方が重要であった。「単位」は人々と公共制度を結びつけ、人々は「単位」という「代理」機構を通じて国家・政府と接触していた。「単位」は人々と最も距離の近い公共組織として、人々との公共関係を再建し、個人もまた「単位」を通じて新政府と制度的につながっていた。人々は仕事のみならず社会保障の唯一の供給者である「単位」への従属を深めざるをえず、人々と「単位」の関係は公共制度との回路をもつ唯一の公共関係となっていく。そこで、「単位」は国家の政策を国民に伝えて履行

し、代わりに生活環境を保証し、税金・養老・医療・教育などに関する問題をすべて政府に代わり解決し、国民の公共関係を支えてきた（陳静、2013：15）。

　ここで指摘しておきたいのは、「単位」がワン・ストップ・サービスの担い手であり、「単位」に所属する人々と職場・居住地域社会へのソーシャル・キャピタルの提供者であったことである。ソーシャル・キャピタルとは、社会的ネットワーク（人々のつながり）、また信頼や互酬性（参加者間の関係がWin-Winであること）の規範を意味する[3]。「単位」は行政の代理機関であるだけではなく、組織内の個人に対して非常に強い従属関係を強いながらも、内部においてはインフォーマルな道具的・実用的互恵関係のネットワークが存在していた（Womack, 1991: 313-332；張、2013：23-24）。パットナムはソーシャル・キャピタルを公共財と位置づけ、公共政策の多様な課題を解くカギとして重要であるとしている（坪郷、2015：2）。「単位」が住宅の分配も行っていたため、「単位」内での道具的・実用的互恵関係のネットワークは職場のみならず生活空間にも広がる重要なソーシャル・キャピタルとなり、機能していた。その一方で地域社会のもつ意味は後退していった（黒田、2009：45）。

　しかし、「単位」が経済的効率性を優先し、政府の代理機能を果たさなくなるのにともない、個人と政府・国家を結ぶ「公共関係」は弱体化し、「単位」のもつソーシャル・キャピタルも損なわれていった。帰属する場所を失った人々は「新たな公共関係」を求めるしかない。その先は、宗教組織、同郷組織、家族組織であり、ときには「黒社会」組織でさえある（陳静、2013：17）。

　② 党による「社区」建設

　個人が「単位」を通じた国家・政府との公共関係を失っていくことは、国家・政府にとっては個人を政治的・社会的に拘束し、管理する力を失うことを意味する。しかし、国家・政府の側でも手をこまねいていたわけではなく、街道、居民委員会と「社区」を通じた社会へのサービス提供と再掌握に努めてきた（第6章参照）。

　所属する職場ではなく居住区域を単位とする「社区」の構成は、「単位」社会により後退していた地域社会の意義を再浮上させることにもなった。こ

のため、共産党は地域社会という空間を再組織化する必要に迫られる。

2 「協商民主」推進の理由と内容

　社区の行政機能が強化されるなか、2013年の共産党第18期三中全会コミュニケは、社会主義民主政治制度建設の項目のなかで、人民代表大会（以下、人大と略す）制度の促進に次いで協商民主の広範かつ多層的制度化発展の推進を提唱した。2015年2月には党は「社会主義協商民主建設の強化に関する意見」を発表し、「協商民主」建設の強化を打ち出した。その理由は、利益格差、社会の新旧の矛盾、思想・観念が多元化・多様化している新状況への対応が迫られているためである。このほかに、人民の間に生まれている格差や多様な価値観・利益を調整し、矛盾と摩擦を解消し、党の執政の基礎を強化・拡大することがあげられている[4]。協商民主の中心的な研究者の一人である陳家剛によれば、この「意見」の発表が、協商民主の大々的な展開に大きく影響したという[5]。

　「協商民主」の内容は行政レベルにより実に多岐にわたっているが、根本にあるのは政治参加のチャネルを開放することにより、党が管理する選挙民主や調査研究による利益集約の行き詰まりを打開することである。上述した「社会主義協商民主建設の強化に関する意見」では、協商民主の実施について、政党協商、人大内での協商、多くのアクターを参加させることで政策決定の透明度を高める政府の協商、政協の協商、人民団体の協商、基層における協商の6つの領域を提示している。北京市では、2015年に「社会主義協商民主建設の強化に関する中共北京市委員会の実施意見」を発した（陳剣主編、2016：前言3）。なかでも基層における民主協商は社会主義協商民主の重要な構成要素であるとの認識があり、2016年6月には北京市党委と北京市政府が「城郷社区での協商強化の実施に関する意見」を発表した。これは基層での協商の重要性を強調し、制度化と規範化を進めようとするものである[6]。ここからは、基層での諸問題への適切な対処が党の統治の正統性確保にとって喫緊の課題であることが看取できる。基層での協商を強化する意義については、「社会構造と利益構成に深刻な変化が生じ、人民の思想観念と利益追求はさらに多様化し、民主法治意識と政治参加の積極性が日増しに高

まっている」なか、「社区」での協商民主は適切に大衆の実際的な困難と問題を解決し、矛盾と紛争を溶解させ、社会の調和と安定に有利であるとしている。従来の利益集約の手法が行き詰まりを迎え、基層での協商民主というかたちでの人々の「政治参加」の拡大に踏み切ったのだといえよう。

3 中国における「協商民主」の特徴

前節で述べた通り、「協商民主」は、Deliberative Democracy、すなわち熟議民主主義と比べると、前提となる社会のあり方、主体、テーマの設定に関して大きく異なっている。

中国において最も成功している協商民主は、浙江省温嶺市での「民主懇談」で、これはほぼ熟議民主主義の手法で実施された。温嶺市沢国鎮では鎮の全人口から科学的に抽選を行い、選出された代表が、鎮が行うべき政策項目について平等に与えられた情報・資料と立場により討論し、当初の鎮政府の予定とは異なる優先順位をつけ、その結果に従って政策が実施された（蔣・何、2009：31-47）。これは党主導で行われたものだが、手法は熟議民主主義のそれであり、その結果、党による「公共性」の独占を終わらせ、その変質を促した。差し迫った問題解決のために熟議民主主義の手法を取り入れて行われた「協商民主」が社会に変化をもたらした例といえる。しかし、実施にあたっての組織工作が複雑であるとの問題点も指摘されている。そのためか、温嶺市以外での広がりがみられない。

結局、共産党は「協商民主」を「党の大衆路線の政治領域での重要な体現」であるとし、共産党が主導的な立場をとるものと読み替えている。導入の目的は熟議民主主義と同じく、選挙民主など既存の政治制度では十分に吸収できない多様な利益や価値観にも対応するためであるが、「協商民主」は情報・実質的バランス・多様性・考慮の平等において著しく党に偏っており、あらゆる人が平等な立場で参加する公共空間における熟議とはまったく異なり、党の主導の下に選別されたグループが参加する協議の場にほかならない。このことは、そこで生まれる地域的共同性の性質を閉鎖的なものにする。

Ⅱ　基層における「協商民主」の実態

　本節では、基層での協商民主の実態を検証することにより、共産党指導下の協商民主による地域的共同性の創成の意義と限界点について考察する。まず、分析枠組みとして、地域的共同性を構築し機能させるためにソーシャル・キャピタルが果たす役割について整理しておく。その後、基層での協商民主の実例について、①「協商民主」と権威主義体制下の社会が矛盾なく機能し、「成功例」と喧伝されるケースとして、上海市静安寺街道社区、北京市朝陽区麦子店街道社区について取り上げ、「成功」の理由とこれを支えるソーシャル・キャピタルのあり方、構築される地域的共同性の質について考察する。次に、②より熟議に近い有効な協商民主を追求した結果、社会との矛盾を生み、課題に直面したケースとして、寧波市Ｊ区、青島市香港中路社区を取り上げ、地域的共同性創成への障害について指摘する。最後に③熟議民主主義とほぼ同様の手法で協商民主を行った結果、ソーシャル・キャピタルの構築との好循環を生み出した青島市城陽区の事例を取り上げ、熟議民主主義的手法を機能させることにより既存の社会が影響を受けて変容し、自立性をもった地域的共同性が作られる可能性を示す。

1　より良く機能する地域的共同性のために──熟議民主主義の成立とソーシャル・キャピタル

　「協商民主」と地域的共同性の質に大きく影響するのが、その地域がもつソーシャル・キャピタルである。「協商民主」は熟議民主主義と異なるものであるが、いずれの場合も社会にある問題を解決するにあたって必要なリソースとしてソーシャル・キャピタルが存在する点で共通している。ソーシャル・キャピタルは前述したように社会的ネットワーク、信頼、互酬性と定義される。河田潤一によれば、ソーシャル・キャピタルはネットワークの構造と資本の外部性効果[7]により、表1のように4種類に分類される（河田、2015：29-30）。

　そして、ソーシャル・キャピタルと熟議民主主義の関係は以下の3つに分類される（田村哲樹、2015：42-50）。①ソーシャル・キャピタルの存在が熟

表1　ソーシャル・キャピタルの諸類型

		ネットワーク構造	
		閉鎖的	開放的
資本の外部性効果	集積的	Ⅰ　クラブ型（私立学校の教職員・同窓会組織など）	Ⅲ　仲介型（産業集積地の中小企業支援など）
	拡散的	Ⅱ　結束型（階層型結社、民族性・宗族性などの属性や価値を共有する「絆の強い結社」）	Ⅳ　架橋型（市民を相互に結合し、彼らが共通の目標を効果的に追求することを可能にする社会的な資源として最もポジティブな市民的属性）

出典：河田（2015：29-30）。

議民主主義を促進する、②熟議民主主義がソーシャル・キャピタルの形成に寄与する、③両者を社会の問題解決において機能的に等価なものとみることの3つである。③は、重要な問題についてのみ熟議を行い、そうでないものについてはその他の代表制民主主義の制度などを信頼して任せるというもので、ここでは熟議と信頼は機能的に等価であるとされ、信頼により熟議の場であるミニ・パブリックスに参加していない人々の熟議を代替できると考える。ここでは信頼が成立するのかが熟議の成否の鍵となる。

　開放的なネットワークを有し、その資本の外部性効果が拡散的である架橋型ソーシャル・キャピタルの存在は、熟議の質と効果を高め、良好な性質をもつ地域的共同性を作り上げるのに役立つと考えられる。良好な地域的共同性はその地域に安定をもたらし、ガバナンスの効率性を上げる。そこで次項以下では、この考えに基づき、実際のケースについて検討する。

2　「協商民主」の実施と地域的共同性、ソーシャル・キャピタルの構築の実例

① 「協商民主」と権威主義体制下の社会が矛盾なく機能し、「成功例」と喧伝されるケース

ケースA　「社区」エリートの存在と閉鎖的ネットワークの問題点：上海市静安寺街道社区の場合（劉曄、2015：260-279）

本項では、劉曄の論文をもとに上海市静安寺街道を例に取り上げる。この

街道は居住人口5万4000人余りで、居住戸数1万2000余りを擁し、上海市の中心繁華街に位置し、以下のような特徴をもつ。第一に、文化水準の高い知識人や党政指導者が多く住む、第二に、公共交通の要所にあり、商業が発達すると同時に、公園や広場など公共活動の場も多い、第三に、病院やホテルなど有名な事業単位が多く、街道とこれら単位の連携がよく取れていて「社区」公共事務が盛んなことである。

　ここでの「社区」への公共参加は「居民委員会社区建設議事会」（以下、議事会と略す）を運営する形式がとられた。1996年に成立した静安区最初の議事会は、元全人大常務委員会の孫庭芳を会長に擁し、孫が居民委員会のブレーンとして大きな役割を発揮した。その後、静安区では続々と議事会が成立し、社会的有名人や党政幹部が参加した。「大衆民間組織」という位置づけであったにもかかわらず、メンバーには退職した幹部代表が60％を占め、残りは退職した居民委員会幹部、在職党員、社会的有名人、知識分子、「社区」単位代表で構成され、会長は党支部書記か支部の専任委員が担当した。つまり、党政幹部と社会エリートにより構成されるものであった。この地区で議事会は社会エリートが公共事務に関わるチャネルとなっており、社会エリートのなかでも、公共事務に熱心に携わった者だけが「社区」共同体から能力を認められ、「社区」のなかで尊敬される公共的な身分を獲得していく。こうした社会エリートの「社区」自治への参加は、党政組織に属する政治エリートによる効率的な統治と相まって「社区」のガバナンスを向上させているという（劉曄、2015：270-271）。

　この街道は高い資質をもつ人材に恵まれ、彼ら社会エリートを協商の場に参加させることにより公共エリートに吸収し地域的共同性の担い手にしていくという点で、優れたシステムを作り上げているといえる。しかし問題は、民主協商への参加者が社会エリートに限定されていること、公共エリートに認定される際の制度がないことにより、そこに築かれるソーシャル・キャピタルのネットワーク構造が閉鎖的かつ不透明で恣意的なものになることである。

　公共意識をもち積極的に地域的共同性の担い手になろうとする社会エリートがいる一方で、地域的共同性への関わりに消極的なグループもいる。現在

のところ、これらのグループと公共エリートの間に摩擦はないが、公共エリートたちがいかにしてこれらの消極的なグループの信頼を勝ち取り、「場の共同性」から「自覚的な共同性」へと変化するかが課題である。

   B　強く制度化された「協商民主」──選挙民主との矛盾と参加者への負担：北京市朝陽区麦子店街道「社区」の場合

　北京市朝陽区麦子店街道は人民網で党支部副書記のインタビュー番組が作成され[8]、多くの単位が調査研究のために訪れるなど、非常に有名な「基層協商民主」の拠点である。北京の東三環と東四環の間にあり、管内には朝陽公園、農業展覧館、第三大使館区がある。このため、常住人口約5万人のうち、外国籍住民が7000人余りいる[9]。国際政治、ビジネス、文化の機能が備わった国際色豊かな社区で潤沢な資金を投入できるという特徴がある。ここで協商民主の取り組みが本格化したのは2011年頃のことである。街道と社区は大量の人員と資金を投じて住民のために事業を展開したが、住民は必ずしも満足していなかった。そこで、2011年から住民のニーズをよく聞く対策をとり始めた。主宰するのは街道社区の管理者で、その方法は「需要を問い、計画を問い、効果を問い、責任を問う（問需、問計、問効、問責）」方式であった（陳煕、2014）。この過程では、街道が認めた幅広い関係者は協商に参加するが、一般住民が自発的に参加することはできない。

　第一の段階は需要を問うことで、街道が何をすべきなのかを主として社区議事会を通じて集約する。社区議事会は、居民常務代表、社会単位代表、不動産業者代表、業務会代表、社区党代表、社区工作者、関わりのある専門部局の人により構成される。このほかに建議する議案を選ぶ協商会も作られる。この協商会には社区議事会から推薦された議政代表、街道が招請した社会単位からの代表、専門家、政府関係部門の人々、必要であれば議案を提起した外国籍住民、街道弁事処の指導者たちが参加する。

　「問需、問計、問効、問責」による協商民主の過程の抱える問題点は、この非常に整備された制度の内容が人大代表のなすべきことと重複しており、正規の政治参加のルートである選挙民主を阻害する可能性がある点である。「中華人民共和国全国人民代表大会および地方各級人民代表大会代表法」において、人大代表は選挙区民と積極的に連携し、その意見を集約するよう求

められている。実際に活動に熱心な人大代表は定期的に選挙民接待日を設け、選挙民の要望を聞き、議案提出を行っている[10]。人大制度による選挙民主が十分に機能していれば、麦子店街道が主導して民主協商を行う必要はないはずである。潤沢な資金により、強い権限をもつ街道が独自の施策を実施することが可能になる反面、同じ地域に人大による選挙民主と街道による協商民主の2つの民意集約ルートが走るのは非効率的とも考えられる。

「問需、問計、問効、問責」の協商民主のもう一つの問題点は、参加する住民に重い負担がかかることである。住民たちは民主協商への参加とそれが政策に反映され問題解決に至る過程を経験し、協商民主の意義を認めているため、「街道議事庁」の仕事に対する満足度は95％以上と非常に高い[11]。しかし、古い居住区も抱える麦子店街道には、老朽化した建物の使用、建て替え費用の負担やアパート内での違法建築、許可されていない商業利用についてのトラブルもあった。こうした問題は主に楼院（アパート）内での自治として話し合いによる解決が目指される。このため、仲介役として活動する住民は住民や関係者の間を行き来し、皆で十数回の話し合いを行い、3ヵ月かけて違法建築の取り壊しの合意に達するなど、過重な負担を強いられることになる。棗北社区のある女性は街灯を修復するために長い時間連絡に奔走し、宣伝、動員に取り組み、夫が病気になっても看病しなかったことが、街道党支部副書記により美談として語られている[12]。しかし、継続性を考えるならば、住民の負担にも配慮すべきであろう。日本の地方自治体では地域での計画策定などに住民の参加を求める際には、時間的拘束を勘案し、会議時間の厳守や参加しやすい開催日時を設定し、住民の負担に配慮するよう求めている[13]。また、違法建築の取り壊しも、老朽化した建物の建て替え費用負担も長く解決が待たれていた問題とされるが、両方とも本来は司法を通じて解決すべき問題である。現在のところ、住民はこれらの負担さえも名誉として受け止めているが、協商民主と地域的共同性を継続的に発展していくものにするためには、住民負担を軽減し、個々の住民の資質ややる気に頼りすぎないシステムを作り、さらに法的制度に頼る案件とそれ以外を峻別して取り組むべきであろう。

② より熟議に近い有効な「協商民主」を追求した結果、社会との矛盾を生み、課題に直面したケース

A　ソーシャル・キャピタルの重要性：寧波市 J 区の例（朱、2015：219-232）

このケースは前二者より喫緊の課題を抱える地区である。J 区は寧波市の都市部と郊外の間にあり、都市化が急速に進展しているため、都市管理が困難になっている。都市管理の対象となる社会的弱者グループへの対応に際しては「厳格な法の執行」と「和諧社会」の政治理念の衝突が顕著に表れる。そこで、J 区では都市計画・環境政策・交通管理・社会保障分野での「協商民主」に取り組んだ。その結果、「協商民主」の実施にあたって、協商による政治参加を成功裡に進めるために留意すべき事項が示された（朱、2015：226）。それらの事項は、ソーシャル・キャピタルの重要性を示している。留意点の1つ目は公共政策の策定にあたり、目標について政策策定者と公民の間である程度の認識の一致を図ることである。これは互酬性の重要性を示している。次に政策を打ち出すスピードが重視される問題については、政府側が協商の参加者とタイミングを正しく選ぶことが求められる。3つ目は平等な参加と社会的弱者の利益表出に配慮し、代表の利益と委託者の利益の不一致を防ぐべきであるとしている。これは熟議の場であるミニ・パブリックスへの信頼の重要性を意味している。4つ目には協商の質と量の向上を求め、いたずらに長く時間をかけコストをかけすぎることを避けるべきであるとしている。また、協商民主の推進をいかに幹部昇進の際の評価につなげていくか、という問題も提起されている。協商民主の推進には区や街道側の取り組みが欠かせないが、協商民主による公共政策決定の効果は即効性のものも緩効性のものもあるため、正確に評価し、幹部の積極的な取り組みを促す必要がある（朱、2015：231-232）。より良く効果的な協商民主を行おうとすれば、熟議民主主義の質に影響する信頼や互酬性といったソーシャル・キャピタルの充実が求められる、すなわち地域的共同性のあり方にも変化が求められることを J 区の例は示している。

B　「協商民主」の限界：青島市香港中路社区の事例（姜、2016：72-76）

青島市香港中路街道は青島市の最大の繁華街で、ショッピングモールやレストラン、ホテル、商店、企業を多く抱える。常住人口は5.5万人である。

「単位」社会から「社区」社会へと転換するなかで、香港中路街道においても「社区」がワン・ストップ・サービスの窓口となるべく、区政府から関係ある部門の人員の派遣を受け行政管理を担っていたが、新たに「社区」における基層協商民主を行うと、いくつかの問題が顕在化してきた。第一に、最も多くの問題を抱える社会的弱者層に協商民主へ関与してもらうことの困難さである。第二に、関係する部門や「単位」が複数にわたっており、協商の進行について制度化、規範化が不十分であることである。第三に、「社区」レベルの当事者意識が低く、党・政府の管轄する問題だと認識されがちになることである。第四に、「やりたいことだけ」、「時間のあるときだけ」協商する、という現象の存在である。第五に、住民たちの間で問題があったときに協商ではなく「関係（コネ）」で解決しようとする伝統的な意識が強く、協商民主への意識が低いことである（姜、2016：73-74）。

このケースでは党が主導し、参加者が限定される中国型「協商民主」が実効的な問題解決を試みるときに抱える問題が明らかになっている。それは、施策を必要とする層と協商に参加する層が一致せず、最も公共政策を必要とするのは社会的弱者であるのに対し、参加者は社会的エリートが主となることである。「協商民主」は党の指導を強調し、協商への参加者を街道党組織かさらに上位の党委が決定し、意図的に社会的弱者層は排除されていることが多い。熟議民主主義においても結果的には同様の問題はしばしば起こりうる[14]。しかし、門戸は開かれているが参入が困難であることと、意図的に排除されることは、ソーシャル・キャピタルの性質を異なるものにする。上から恣意的に変化させられる地域的共同性においては、参加者の帰属意識と信頼を醸成し「自覚的な共同性」を生むことは難しい。その結果、「協商民主」よりも「関係」により問題解決を図ろうとするのだと考えられる。本事例は、問題解決に真摯に取り組もうとすれば、「官」により構成される既存の地域的共同性と齟齬を来すことを示している。

③　熟議民主主義とほぼ同様の手法で「協商民主」を行った結果、ソーシャル・キャピタルの構築との好循環を生み出したケース
オープンな協商への参加で架橋型ソーシャル・キャピタルを構築：青島市城陽区の例（趙、2016：34-35）

　青島市城陽区は常住人口68.8万人で、都市部に6つの街道、農村に195の農村社区をもつ[15]。近年、都市化建設が進み、住民の生活方式や組織方式、管理方式に大きな変化が生じたため、問題が発生している。その内容は、①「社区」としての収入は増えているが、監督が有効に機能せず、情報公開が不十分であるとして大衆の反発が強いこと、②都市化の進展が速いが、土地収用と立ち退きに関する衝突が頻発していること、③外来人口が急激に増加し十分な保障が得られないとの訴えがあること、④大衆の政治参加意識が高まっており、従来の統治方法では満足を得られないことである（趙、2016：34-35）。

　そこで、城陽区では「市民議事活動」により全市の「社区」で住民に参加してもらい、住民の意見を聞き、住民に監督してもらう方式をとることにした。趙の研究によれば、城陽区の事例が他の「成功例」と異なっているのは、まず運用規則を明確に定め、市民議事活動を運営する党政幹部の訓練を行い、一般居民を輪番式でほぼすべて参加させ、外来労働者を含めたあらゆる階層の人々に協商の機会を提供した点である。城陽区の「市民議事活動」は協商民主のなかでもより熟議民主主義に近い手法をとっているといえる。前項の寧波市J区の事例では、政策決定のスピードの重要性、協商民主の結果と幹部の評価の関連づけが課題としてあげられていたが、その点も城陽区では解決されている。議事活動で認められた案件は10日以内に処理して住民に再提示することが求められ、住民の参与率や建議の執行された割合などが年度ごとに検討され、社区幹部の待遇に反映される（趙、2016：35）。

　城陽区での市民議事活動は、提案された意見への返答率100％、執行率96.7％と非常に高く、大衆からの評価は高い。またこの活動は市民から党政幹部への信頼を増すだけではなく、幹部の工作状況も向上させた（趙、2016：35）。住民による良質な政策決定への参加が信頼と互酬性というソーシャル・キャピタルを高め、ソーシャル・キャピタルの向上により良い政策

決定への参加プロセスを可能とする好循環が生じたといえよう。城陽区の事例の特徴は他の地区のように街道が参加者を選別するのではなく、すべての住民を取り込む努力をした点にある。その点で、構築されるネットワークの性質は開放的であり、パットナムが理想型として提示する架橋型ソーシャル・キャピタルの構築が可能になる。ここで構築される「地域的共同性」は党の指導下にありつつ、その認める範囲内でより自立性をもち、官主導の「公共性」の質を変化させる可能性がある。これは何包鋼の指摘する「協商民主」が社会の変容をもたらす可能性を示す例といえる。

おわりに

　いずれの例も、中国の「協商民主」が共産党の指導を大前提に掲げているため、共産党の指導下に行われ、「官」の統治に資する「地域的共同性」を再構築していることは共通している。「単位」の「経済組織化」により、都市部での公共関係が希薄になり、社会ネットワークも機能しなくなっているため、効率的な統治を行い、党群関係の改善を図るために党・政府は「協商民主」を導入し、ソーシャル・キャピタルおよび地域的共同性の再構築を図ろうとしている。しかし、熟議民主主義と比較すると、これが公平な第三者ではなく党により主導されること、その参加者が主催者により選ばれた組織・人物であり、広く平等な人々に開かれたものではないこと、また扱われるイシューの選定が党により限定されることが指摘できる。このため、ここで再構築される社会ネットワークは閉鎖的な「クラブ型」あるいは「結束型」にしかなりえず、その場合には協商民主の過程とその結果が理想的なものにはならず、多くの地域住民からの「信頼」を獲得することは困難である。つまり、協商民主による「地域的共同性」の再構築は地域住民の帰属意識を高め、当事者意識をもった「自覚的な共同性」には至らず、「地域的共同性」は国家・党からの自立性をもちえない。

　こうして協商民主が党により独占されていることにより、中国においては地域における公共性が党により定義されている。そのため、共通の趣味や関心を共有する人々のつどう複数の場の共同性が地域において同時に併存する

機会がつぶされている。しかし、閉鎖的な「クラブ型」あるいは「結束型」ソーシャル・キャピタルには限界があり、その地域的共同性の働きを不十分なものにとどめる可能性がある。共産党が効率的な統治と安定した党群関係を求めるためには、現在、協商民主から排除している社会的弱者層を協商の場に取り込み、より多くの信頼を勝ち取ることが必要となる。

1) Deliberative Democracy を「協商民主」と訳し、定着させた陳家剛・中国共産党中央編訳局世界発展戦略研究部主任は、Deliberative Democracy と協商民主は内容が異なることを了解したうえで、従来の協商民主の意味から幅を広げ、より熟議に近づく可能性を求めて、あえて「協商民主」と訳した（著者の 2016 年 8 月 15 日のインタビューによる）。
2) 「協商民主」の定義について、中国側の意図に沿うことの危険性を、毛里和子・早稲田大学名誉教授よりご教示いただいた。また、Deliberative Democracy を支えるには成熟した市民社会が不可欠であることを改めてご指摘いただき、政治参加の機能と社会の関係について考える契機をいただいた。
3) 社会的ネットワークは市民の自発的な結社・アソシエーションであり、これらの活動は社会全体において「一般的な信頼（他者を信頼する）（制度への信頼）」を生み出すとされる。また、互酬性は、長期的にお互いの利益になるという交換関係を意味する（坪郷、2015：1-2）。
4) 中共中央「関于加強社会主義協商民主建設的意見」新華網、2015 年 2 月 9 日。
5) 著者の陳家剛・中国共産党中央編訳局世界発展戦略研究部主任へのインタビューによる（2016 年 8 月 15 日）。
6) 中共北京市委弁公庁　北京市人民政府弁公庁「中共北京市委弁公庁　北京市人民政府弁公庁印発『関于加強城郷社区協商的実施意見』的通知」。
7) 外部性効果の集積度が高ければ、便益は個人の投資の見返りとして閉鎖的なクラブの財となる性格を帯び、拡散的であれば、その利益／不利益が地域やコミュニティ全体に及ぶことを示す（河田、2015：29）。
8) 人民網「党政群共商共治　破解楼院治理十年難題」北京街道弁事処工委書記系列訪談、2016 年 8 月 29 日。
9) 劉勇（2013）「麦子店街道的"問政于民"共識網、2013 年 1 月 8 日。
10) 北京市海淀区人大ウェブサイト「代表工作」。筆者の呉青・元北京市人民代表大会代表、北京外国語大学教授へのインタビューによる（2016 年 8 月 14 日）。
11) 人民網「朝陽群衆雲上"街道議事庁"議事満意度超 95％」2016 年 5 月 17 日。
12) 前掲、人民網「党政群共商共治　破解楼院治理十年難題」2016 年 8 月 29 日。
13) 横浜市健康福祉局「横浜市地域福祉保健計画　5　策定のための話し合いの場」。
14) 支援が必要な人々ほど、語彙や言説のトーンといった「言説の資源」と自由時間

の欠如から公共的空間へのアクセスに障壁をもつ（齋藤、2000；9-10）例は多くみられる。日本でも「生活困窮者自立支援制度」が 2015 年に開始されたが、対象者が制度を知り手続きを進めることは時間と能力の面から難しいため、行政の側が「支援が必要な人の発掘をどう進めるか」が課題となっている（『毎日新聞』2016 年 4 月 10 日）。

15) 青島政務網「基本状況」。

参考文献
日本語
河田潤一（2015）「ソーシャル・キャピタルの理論的系譜」坪郷實編著『ソーシャル・キャピタル』（福祉＋α7）ミネルヴァ書房、29 頁。
黒田由彦（2009）「都市の住民組織と自治」黒田由彦・南裕子編著『中国における住民組織の再編と自治への模索』明石書店。
齋藤純一（2000）『公共性』（思考のフロンティア）岩波書店。
朱安新・宋金文・田中重好（2003）「中国におけるコミュニティづくりの展開—中国都市の構造転換」『日本都市社会学会年報』第 21 号、81-96 頁。
田中重好（2010）『地域から生まれる公共性—公共性と共同性の交点』（MINERVA 社会学叢書 33）、ミネルヴァ書房。
田村哲樹（2008）『熟議の理由—民主主義の政治理論』勁草書房。
田村哲樹（2015）「ソーシャル・キャピタルと熟議民主主義」坪郷實編著『ソーシャル・キャピタル』（福祉＋α7）ミネルヴァ書房、42-51 頁。
張英莉（2013）「中国の企業単位における組織と個人の関係—改革・開放前の企業単位を中心に」『政策科学学会年報』第 3 号、17-31 頁。
陳立行（2000）「中国都市における地域社会の実像」菱田雅晴編『社会—国家との共棲関係』（現代中国の構造変動 5）東京大学出版会。
坪郷實（2015）「ソーシャル・キャピタルの意義と射程」坪郷實編著『ソーシャル・キャピタル』（福祉＋α7）ミネルヴァ書房。
フィシュキン、ジェイムズ・S 著／曽根泰教監修、岩木貴子訳（2011）『人々の声が響き合うとき—熟議空間と民主主義』早川書房。
『毎日新聞』「生活困窮者支援制度　1 年　『安心』の体制、手探り」2016 年 4 月 10 日　http://mainichi.jp/articles/20160410/ddm/016/040/017000c（2016 年 9 月 19 日 最終確認）。
横浜市健康福祉局「横浜市地域福祉保健計画　5　策定のための話し合いの場」http://www.city.yokohama.lg.jp/kenko/keikaku/keikaku-sakutei-sisin/5hanasiai.html（2016 年 9 月 19 日最終確認）。

中国語
北京市海淀区人大ウェブサイト「代表工作」http://hdrd.bjhd.gov.cn/dbzc/（2016 年 10

月 16 日最終確認)。

陳剣主編（2016）『北京協商民主的理論与実践』北京：中国文史出版社。

陳煦（2014）「大力開展基層協商民主実践探索：以朝陽区、豊台区為例」北京市人民政協理論与実践研究会『政協研究』2014 年第 3 期　http://bjzx.gov.cn/zwhweb/yjs100730/201403/08.html（2016 年 10 月 16 日最終確認）。

陳静（2013）「公衆怎様依靠公共制度？」『吉林大学社会科学学報』2013 年第 1 期、14-18 頁。

姜麗華（2016）「城市社区治理中的基層協商：以青島市香港中路社区為例」『中央社会主義学院報』2016 年第 1 期、72-76 頁。

蒋招華・何包鋼（2009）「協商民主決策的実践与価値」李凡主編『温嶺試験与中国政府公共予算改革』北京：知識産権出版社、31-47 頁。

何包鋼（2015）「在協商民主制度中培養公民」騰訊網、2015 年 12 月 6 日　http://cul.qq.com/a/20151206/015535.htm（2016 年 12 月 20 日最終確認）。

劉曄（2015）「公共参与、社区自治与協商民主：対一個城市社区公共交往行為的分析」韓福国主編『基層協商民主』北京：中央文献出版社、260-279 頁。

劉勇（2013）「麦子店街道的"問政于民"共識網、2013 年 1 月 8 日　http://www.21ccom.net/articles/zgyj/xzmj/article_2013010874533.html（2016 年 9 月 16 日最終確認）。共識網は 2016 年 10 月 3 日に中国当局により閉鎖されたが、同記事はこれを転載した中国社会科学網で閲覧可能である。http://www.cssn.cn/zt/zt_xkzt/zt_zzxzt/zzxzt_xsmz/kzyd/201504/t20150428_1605374.shtml（2016 年 10 月 16 日最終確認）。

青島政務網「基本状況」http://www.chengyang.gov.cn/showFLDetails.asp?nid=573&wid=13&ppid=0&articleId=4080&flId=1062（2016 年 10 月 17 日最終確認）。

人民網「朝陽区麦子店街道践行党政群共商共治　破解十年頑疾」2016 年 9 月 5 日　http://bj.people.com.cn/n2/2016/0905/c82838-28951070.html（2016 年 9 月 16 日最終確認）。

人民網「朝陽群衆愛上"街道議事庁"議事満意度超 95％」2016 年 5 月 17 日　http://bj.people.com.cn/n2/2016/0517/c82838-28348913.html（2016 年 10 月 16 日最終確認）。

人民網「党政群共商共治　破解楼院治理十年難題」北京街道弁事処工委書記系列訪談、2016 年 8 月 29 日　http://bj.people.com.cn/GB/34384/377669/（2016 年 10 月 15 日最終確認）。

路遠占（2016）「協商民主：北京的歴史与現状」陳剣主編『北京協商民主的理論与実践』北京：中国文史出版社、35-65 頁。

趙宇新（2016）「搭建議事平台　推進協商民主：青島市城陽区推行市民議事制度的新探索」『中国民政』2016 年第 15 号、34-35 頁。

中共北京市委弁公庁　北京市人民政府弁公庁「中共北京市委弁公庁　北京市人民政府弁公庁印発『関于加強城郷社区協商的実施意見』的通知」中国首都網・千龍網、2016 年 6 月 13 日　http://beijing.qianlong.com/2016/0613/671164.shtml（2016 年 10 月

10 日最終確認）。

中共中央「関于加強社会主義協商民主建設的意見」新華網、2015 年 2 月 9 日　http://news.xinhuanet.com/politics/2015-02/09/c_1114310670_2.htm（2016 年 10 月 3 日 最終確認）。

中共中央「中共中央関于全面深化改革若干重大問題的決定」新華網、2013 年 11 月 15 日　http://news.xinhuanet.com/2013-11/15/c_118164235.htm（2016 年 10 月 10 日最終確認）。

朱徳米（2015）「公共協商与公民参与：寧波市 J 区城市管理中協商式公民参与的経験研究」韓福国主編『基層協商民主』北京：中央文献出版社、219-232 頁。

英語

Womack, Brantly（1991）"Transfigured Community: Neo-Traditionalism and Work Unit Socialism in China," *China Quartley*, Vol. 126.

あとがき

　国のありようは、そこに暮らす人びとの生存と生活に大きな影響を与える。逆もまた然り。生存と生活をかけた人びとの選択と行動は、欧米型の民主制度を有するか否かを問わず、国のかたちを規定する。生活者としての人びと、生活空間としての共同社会を国家の枠のなかに連帯させることは、国家権力にとってけっして容易なことではなく、抱え込む社会が多様性・多元性を有するほど、それは長く険しい道のりとなる。国の安定性と強さは、生存のため、生活のために築かれた多様かつ多層的な「公共空間」──国家、地方、民族、市場、アソシエーション、共同社会、家族、個人などのつながり──と、国家権力の相互作用の動態、さらにそれが生み出すアイデンティティの揺らぎに目を向けてこそ把握できるものなのだ。

　本書の各章を通じて描き出したのは、ともに近代国民国家の建設を目指す国民党と共産党が、人びとの間に国家規模の連帯と、「国民」としてのアイデンティティを形成するべく、どのように人びとの生存や生活上の問題に向き合ってきたのか、そうした試みが既存の「公共空間」との間にどのような相互作用をもたらしたのかである。

　対外的・対内的危機のさなかにあって、生存や生活の保障を通じた「国民」形成の取り組みは、国家権力により強権的な手法で実施されたが、人的・物的リソースの不足により、不徹底を免れず、その過程は自ずと私的ネットワークとの妥協や地元共同体ネットワークの温存をともなうものとなった。また、不徹底が生み出す亀裂は、自由な言論空間とニーズ解釈の政治が限定された状況下で汲み上げられることなく社会に放置され、蓄積されて、結果的に、生存と生活のための「公共空間」は、幹部・既得権益層の内と外、都市と農村、中央と地方、大衆と乞食などさまざまな分断線を「もろさ」として内包することとなった。そうした不安定性こそが、市場経済化により一定の経済的自由を得た人びとを、一気に「私」の追求へと向かわせることとなったのであろう。生存と生活が危機にさらされたとき、人はバラバラの砂

となって我が身を守るであろう。

　しかし同時に、本書の随所から改めて確認されたのは、生存、生活という観点から有用だと判断したとき、人びとが新たな「連帯」のかたちを受容し、自律性を保ちつつ実体化する柔軟性を有しているということである。為政者には、政治体制の違いを問わず、生活者のニーズを解釈し、適切な財の再分配を実施し、生存と生活に根差した「連帯」を構築する国政術が問われる。

　2016年は、イギリスの国民投票による欧州連合離脱の決定、アメリカ大統領選挙におけるドナルド・トランプ氏の勝利が紙面を賑わせた。いずれのケースも、人びとの選択の背景には、グローバル化による生活上の不利益に対する懸念と不満があり、両国における生活者としての国民の分断＝「連帯」の揺らぎを露呈するものであった。生活者と国家権力という観点から、近代国民国家の本質を改めて問い直すことを、時代の要請と受けとめたい。中国で生じた／生じつつある事象について、人文科学、社会科学、自然科学などさまざまな専門分野の知見を結集し、議論を深め、より普遍的な問題の探求へと昇華させていきたい。本書の刊行はその第一歩である。

　本書の出版は、大学共同利用機関法人人間文化研究機構（NIHU）地域研究推進事業・現代中国研究拠点連携プログラムの成果の一つである。まずは人間文化研究機構のご支援に深く感謝したい。

　本研究プロジェクトを進めるにあたり、同プログラムの実施機関である慶應義塾大学東アジア研究所現代中国研究センターの先生方、同志の方々からは、研究会での闊達な議論を通じ、多くの学問的啓発と励ましを得た。代表として同センターの発展と後進の育成に尽くしてこられた国分良成先生、高橋伸夫先生に心からの尊敬と感謝の意を表したい。本研究プロジェクトに連なる視点を提供してくださった田島英一先生、戸部健先生、蒲豊彦先生、上野正弥さん、プロジェクトの一員として建設的な意見をくださった高橋祐三先生、磯部靖先生、呉茂松先生、さらに学会等の場で個々の研究にご助言くださった多くの先生方にもお礼を申し上げたい。また、我々の研究会を運営面でサポートしてくださった小沢あけみさん、秋山彩さん、李彦銘さんにもこの場を借りて謝意を表したい。

最後に、慶應義塾大学出版会の村山夏子さん、乗みどりさんの的確かつ細やかな導きなしに本書は刊行に至らなかっただろう。両氏のご尽力に心よりお礼申し上げる。

2017 年 3 月

小嶋華津子
島田　美和

索引

あ行

悪丐　18
安部磯雄　62
アレント、ハンナ　3
育嬰事業　45
育嬰堂　41
維権運動　15, 30
維持管理機能　61, 75
一党独裁　150
ウェイクマン、フレデリック　5
ウォルダー、アンドリュー　5
運営管理機能　61, 75
嬰児遺棄　37
嬰児殺し　37
嬰児死亡率　39
嬰児保護　8, 36
嬰児保護事業　47
エスピン－アンデルセン、イエスタ　85
エリアス、ノルベルト　2
閻錫山　64, 71
袁世凱　26
宛西郷師　114, 117, 121, 123
宛西地方自治館　119
温嶺市　151

か行

改革開放　100, 131
丐頭　20
街道　154, 160, 161, 163
　――党工作委員会　142, 143
　――弁事処　138, 140, 142
開放性　3
外来人口　164
何其鞏　65
柏祐賢　24
華南圭　65-70, 72
河南省　106
ガバナンス　158, 159
「官」　6
管轄権　64-66, 70, 71
管理　8, 70
基層　150-152, 155-157
義塚　39
救済院　43
教化　47
共産党第18期三中全会　155
協商　10
「協商民主」　10, 149-153, 155-157, 160-165
強靭性（resilience）　1
郷村建設運動　111, 118
共同綱領　88
共同性　9, 10, 105, 151
共有財　8
共有財産　61, 73, 75
郷里空間　9, 105
居民委員会　9, 136-139, 145, 154, 159
義和団事件　23
近代的保育法　44
黒社会　154
郡県制度　106
啓蒙　47
権威主義体制　151
「公」　5, 6
興亜院　77
　――華北連絡部　77
公的　10
公園規則　73
工会　8, 88-91, 93-97, 99, 100
公共　86, 99, 100
　――関係　152-154
　――空間（圏）　2, 5-8, 16, 59, 73, 150
　――財　5
　――事業　9, 10, 149
　――性　2, 4, 9, 10, 149-153, 156, 165
　――政策　162, 163
　――福祉施設　45
高崗　93, 94

175

公私混同　53
公衆衛生　51
江朝宗　72, 76
「公」と「私」　5, 6
工務局　67, 70-72
公論　9
顧炎武　106
国民国家　85, 90
国民政府　65, 66, 69-71, 73, 76, 77
国民党　86, 90
乞食　16
　──管理　8, 15, 19, 23
呉承湜　72, 73, 76
国家的公共性　36
国共内戦　88, 92
呉文藻　131
コミュニティ　9, 151
コモンズ　8, 59, 61

さ行

寨　108, 123
齋藤純一　2, 15
サバイバル・ユニット　2, 3, 9
産業別工会　89-91, 93, 95, 96
産業別総工会　91
「私」　5
下崗　153
自衛団　109, 111
市政公所　62-64, 73
『市政通告』　62
慈善事業　8
慈善団体　8, 35
慈善腐敗　35
自治政権　9, 106, 111, 121, 123
司法　161
市民運動　149
市民社会　151
社会運動　150
社会エリート　159, 163
社会救済院　45
社会国家　8, 85, 86, 100
社会主義教育運動　95
社会主義計画経済　153

社会主義市場経済　153
社会団体　150
社会的弱者　162, 163, 166
社会的連帯（impersonal solidarity）
　2, 3, 85, 99
「社区」　9, 10, 131, 132, 136-138, 140,
　142, 143, 145, 146, 151-154, 159, 160, 163,
　164
　──居民委員会　138, 140-144
　──建設　9, 10
　──工作站　142
　──事業幹部　140
　──社会　163
　──服務站　144
社団　6
宗教　154
集権‐分権　9
主管機関　43
熟議民主主義　150, 151, 156-158, 162,
　163, 165
縮小三民主義　112
朱啓鈐　62-65, 67
『春秋公羊伝』　106
新川敏光　86
新民主主義　93
新民体育協会　77, 78
人民代表大会　155
スメドレー、アグネス　107
政協　→　政治協商会議
西郊新市街　77
政治協商会議（政協）　150, 155
政治参加　150, 155, 156, 162, 164
生存権の保障　5
浙川県　112, 120
善会　19, 35
選挙民主　149, 155, 156, 160, 161
銭玄同　76
全国工会工作会議　90
全国で都市社区建設を推進することに関する民政部の意見　137
全総（中華全国総工会）　88-90, 94, 95,
　99
　──第8期執行委員会第2回会議　95

――党組第1回拡大会議　93-95
――党組第3回拡大会議　95
――党組第2回拡大会議　95
善堂　19, 35
宗族　9, 109, 122, 123
曹荻秋　98
ソーシャル・キャピタル　152, 154, 157-159, 162-165
孫志剛事件　15, 29
孫文　1

た行

第1次五ヵ年計画期　94
第1回中華ソビエト共和国工農兵代表大会　87
大一統　106
第三領域　5
第6回全国労働大会　88
他者性　8, 16
「単位」　9, 131, 132, 134-138, 143, 145, 154, 165
　　――社会　152, 153, 163
　　――大院　135
段克傑　97
地域機能社区　140, 141, 143
地域自治政権　9, 105
地域的共同性　10, 153, 157-159, 161, 163, 165
地域の公共性　149, 152
チーク、ティモシー　4
地方救済院　45
中央公園　62-65, 69, 70, 73
　　――董事会　63
中華人民共和国社会保険法　100
中華人民共和国城市居民委員会組織法　136
中華人民共和国労働保険条例　8, 86-93, 96, 98, 99
中華全国総工会　→　全総
中華ソビエト共和国労働法　87
中華平民教育促進会　118
中華民国臨時政府　76
中間団体　6

中国育嬰保健会　47
中国営造学社　64
中国共産党第7期中央委員会第4回全体会議　94
中国共産党第8期中央委員会第3回全体会議　94
中国工会第8回全国代表大会　95
中華慈幼協会　48
中国人民政治協商会議　88
中山公園　65, 69-71, 73, 75, 76
　　――董事会　69
中南海　65-70, 73
　　――董事会　70, 71
　　――公園　70, 71, 73, 75-79
朝鮮戦争　92
陳雲　94
陳其南　4
陳伯達　93, 95, 97
鎮平県　112, 120
ツァイ、リリー　5
つながり　4, 6
「――の公」　5
ディロン、ナラ　86, 87
Deliberative Democracy　150, 156
統一戦線　150
湯恩伯　121
討議（コミュニケーション）　3, 9
党群関係　165
鄧子恢　93
鄧小平　139
党政幹部　159, 164
東北公営企業戦時暫行労働保険条例（東北条例）　88
都市計画　66, 67
都市公園　8, 59, 61-64, 66, 78
都市コミュニティ　9, 131

な行

内郷県　110, 120
内藤湖南　21, 22
「南巡講話」　139
南陽　120
ニーズ解釈　3

索引　177

日清戦争　23
人称的連帯　9
ネオ・トラディショナリズム　5

は行

パーク、ロバート・E　131
ハーバーマス、ユルゲン　3
薄一波　93
派出所　138
反右派闘争　95
費孝通　110, 131, 132, 140
匪賊　108, 123
非人称的連帯　2, 9
百花斉放・百家争鳴　94
広場舞　59
貧民習芸所　25-28
馮桂芬　106
フーコー、ミシェル　16
伏牛山　116, 122
福沢諭吉　25
福祉国家　85
　──論　85
福祉レジーム　85
　──論　85
複数性　3
夫馬進　19, 28
フレイザー、ナンシー　3
プロレタリア文化大革命　98
北海公園　64, 69, 71, 73, 75
北京政府　63, 73
別廷芳　110, 111, 123
ホアン、フィリップ（黄宗智）　5
彭禹廷　111
封建制度　106
彭真　93
包摂と排除　8
暴力　9, 105
保嬰会　41
保嬰事務総局　42

保嬰分局　42
北平市　73, 75
北平治安維持会　76
北平特別市　65, 68-71, 73
北平特別市政府　71
保甲制度　19, 20, 113, 123

ま行

水資源　8, 68
溝口雄三　5, 6, 106
「民」　6
『民衆識字課本』　117
民主懇談　156
民主諸党派　150
民団　113, 118, 123
迷信活動　45
毛沢東　90, 91, 93, 94, 99, 100

や・ら・わ行

吉澤誠一郎　5
四・一二クーデター　87
『礼記』　114
頼若愚　94, 95
ラドクリフ＝ブラウン、アルフレッド　131
李宗仁　120
李富春　93
劉峙　120
劉少奇　93, 94, 98
利用　8, 59
梁啓超　24
李立三　88, 90, 93-95, 97, 99
ルール　73
連帯　2, 6, 7, 9, 10
連帯意識　4
ロウ、ウィリアム　5
労働保険条例　→　中華人民共和国労働保険条例
和諧社会　162

執筆者紹介 (掲載順)

小嶋華津子（こじま かずこ）※編者
慶應義塾大学法学部准教授。1970年生まれ。慶應義塾大学大学院法学研究科博士課程単位取得退学。博士（法学）。専門分野は中国政治。主要業績に『現代中国の市民社会・利益団体——比較の中の中国』（辻中豊・李景鵬と共編、木鐸社、2014年）、『現代中国政治外交の原点』（国分良成と共編、慶應義塾大学出版会、2013年）ほか。

島田美和（しまだ みわ）※編者
慶應義塾大学法学部専任講師。1976年生まれ。大阪大学大学院言語文化研究科博士課程修了。博士（言語文化学）。専門分野は中国近現代史。主要業績に「戦時国民党政権の辺疆開発政策」久保亨・波多野澄雄・西村成雄編『戦時期中国の経済発展と社会変容』（慶應義塾大学出版会、2014年）、「顧頡剛の『疆域』概念」西村成雄・田中仁編『中華民国の制度変容と東アジア地域秩序』（汲古書院、2008年）ほか。

衛藤安奈（えとう あんな）
慶應義塾大学法学部専任講師。1981年生まれ。慶應義塾大学大学院法学研究科博士課程修了。博士（法学）。専門分野は中国近現代史。主要業績に『熱狂と動員——1920年代中国の労働運動』（慶應義塾大学出版会、2015年）、「20世紀初頭の中国都市における『民衆運動』の再検討——武漢を事例に」高橋伸夫編著『救国、動員、秩序——変革期中国の政治と社会』（慶應義塾大学出版会、2010年）ほか。

鄭　浩瀾（てい こうらん）
慶應義塾大学総合政策学部准教授。1977年生まれ。慶應義塾大学大学院政策・メディア研究科博士課程修了。博士（政策・メディア）。専門分野は中国近現代史、中国地域研究。主要業績に『中国農村社会と革命——井岡山村落の歴史的変遷』（慶應義塾大学出版会、2009年）、「日中戦争期の中国における児童保育の展開——重慶国民政府の統治地域を中心に」『アジア研究』第61巻第3号（2015年）ほか。

山本　真（やまもと しん）
筑波大学人文社会系准教授。1969年生まれ。一橋大学大学院社会学研究科博士課程中退。博士（社会学）。専門分野は中国近現代史・社会史。主要業績に『近現代中国における社会と国家——福建省での革命、行政の制度化、戦時動員』（創土社、2016年）、「日中戦争前期、サラワク華僑の救国献金運動と祖国の表象」関根謙編『近代中国その表象と現実——女性・戦争・民俗文化』（平凡社、2016年）ほか。

朱　安新（しゅ あんしん）
南京大学社会学部専任講師。1976年生まれ。名古屋大学大学院環境学研究科博士課程修了。博士（社会学）。専門分野は都市コミュニティ研究、家族社会学研究。主要業績に「中国と現代化」西原和久・保坂稔編著『グローバル化時代の新しい社会学』（新泉社、2013年）、「雲南麗江古城の消えつつあるナシ族社会」秋道智彌編著『水と世界遺産』（小学館、2007年）ほか。

中岡まり（なかおか まり）
常磐大学総合政策学部准教授。1969年生まれ。慶應義塾大学大学院法学研究科博士課程単位取得退学。専門分野は現代中国政治。主要業績に「中国地方人民代表大会選挙における「民主化」と限界――自薦候補と共産党のコントロール」『アジア研究』第57巻第2号（2011年）、「権威主義的「議会」の限界」深町英夫編『中国議会100年史――誰が誰を代表してきたのか』（東京大学出版会、2015年）ほか。

『慶應義塾大学東アジア研究所・現代中国研究シリーズ』刊行の辞

　中国がその国力を増し、周辺国および世界全体に対する影響力を強めるに伴い、この大国についての関心はますます高まりつつある。中国における変化は、西洋における発展の時と所を変えた再演であり、この国もやがては民主主義に向かうと考えるべきだろうか。それとも、この東洋の大国における発展は独特であるから、必ずしも民主主義には帰着しないと考えるべきだろうか。中国の社会と経済は、矛盾をはらみながらも発展を続け、中所得国から高所得国へと上りつめるだろうか。それとも、矛盾の深まりが、やがては経済成長を台無しにしてしまうだろうか。中国は、既存の国際的な秩序や規範に適応しようとしているのだろうか。それとも、「超大国」と化した中国は、自らが望む国際秩序を力ずくで構築しようとするだろうか。いずれにせよ、この国における変化は、国内の人々のみならず、日本をはじめとする周辺国、ひいては世界全体の人々の運命にも大きな影響を与えるであろう。

　台頭する中国といかに向き合うかという問題への関心の高まりを背景として、2007年に大学共同利用機関法人・人間文化研究機構の支援のもとに誕生した慶應義塾大学東アジア研究所・現代中国研究センターは、中国の実像、歴史的位置、および将来の発展方向を正しく理解し、それを社会に広く伝えることが必要であると考え、『慶應義塾大学東アジア研究所・現代中国研究シリーズ』を刊行することとした。

　中国が直面する問題は、人口の高齢化、貧富の格差の拡大、汚職と腐敗、環境破壊、民族間の対立など多岐に及ぶ。本シリーズは、これらの多様な問題を、可能な限り新しい視点と資料に基づいて分析するであろう。同時に、慶應義塾における中国研究の伝統ともいいうるが、現在観察している問題を長期的な視野において、それがいかなる局面にあるかを考察する歴史的な視点をも提供するあろう。

　本シリーズが広く読者に迎えられ、現代中国の理解に寄与できることを願う。

慶應義塾大学東アジア研究所・現代中国研究センター

慶應義塾大学東アジア研究所・現代中国研究シリーズ
中国の公共性と国家権力
──その歴史と現在

2017年3月31日　初版第1刷発行

編著者─────小嶋華津子・島田美和
発行者─────古屋正博
発行所─────慶應義塾大学出版会株式会社
　　　　　　　〒108-8346　東京都港区三田2-19-30
　　　　　　　TEL〔編集部〕03-3451-0931
　　　　　　　　　〔営業部〕03-3451-3584〈ご注文〉
　　　　　　　　　〔　〃　〕03-3451-6926
　　　　　　　FAX〔営業部〕03-3451-3122
　　　　　　　振替　00190-8-155497
　　　　　　　http://www.keio-up.co.jp/
装　丁─────鈴木　衛
印刷・製本───株式会社理想社
カバー印刷───株式会社太平印刷社

©2017　Kazuko Kojima, Miwa Shimada
Printed in Japan　ISBN 978-4-7664-2406-5

慶應義塾大学出版会

慶應義塾大学東アジア研究所　現代中国研究シリーズ

現代中国政治研究ハンドブック

高橋伸夫編著　大きく変化する現代中国政治。海外を含む主な研究・文献を分野別に整理し、問題設定・研究アプローチ・今後の課題と研究の方向性の見取り図を明快に描く、最新の研究ガイド。　◎3,200円

党国体制の現在
――変容する社会と中国共産党の適応

加茂具樹・小嶋華津子・星野昌裕・武内宏樹編著
市場経済化やグローバル化の波に柔軟に対応してきた中国共産党とは、どのような集団か。大きく変容する社会・経済に適応してきた党の権力構造を実証分析し、一党支配体制の現実を多面的に描き出す。　◎3,800円

救国、動員、秩序
――変革期中国の政治と社会

高橋伸夫編著　〈民〉から〈国民〉へ。統治の再編成はいかに行われたか？　清朝末期から中華人民共和国成立までにおける、革命正史には描かれなかった中国社会の変動と直面した困難をさぐる。　◎3,800円

表示価格は刊行時の本体価格(税別)です。